BERTRAND DE BORN

PAR

Mary Lafon.

I

PARIS
AMBROISE DUPONT, ÉDITEUR
des Mémoires du Diable, par Frédéric Soulié,
7, RUE VIVIENNE.

1839

BERTRAND
DE BORN.

IMPRIMERIE ET FONDERIE DE FÉLIX LOCQUIN ET COMP.,
16, RUE NOTRE-DAME DES VICTOIRES.

BERTRAND DE BORN

PAR MARY LAFON.

PARIS

AMBROISE DUPONT, ÉDITEUR,
7. RUE VIVIENNE.

1839

COURTE INTRODUCTION.

COURTE INTRODUCTION.

—

Voici la vie d'un homme qui a remué toute son époque. Demandez aux premières autorités historiques de la nôtre !

Sismonde Sismondi vous dira :

« Les passions violentes de Bertrand de Born
» eurent la plus haute influence sur la destinée

» de la famille royale d'Angleterre. Le plus
» bouillant, le plus impétueux des chevaliers
» français, ne respirant que la guerre, exci-
» tant, enflammant les passions de ses voisins
» pour les entraîner dans les combats, il trou-
» bla par ses armes les provinces de Guyenne
» pendant toute la seconde moitié du douzième
» siècle. »

Raynouard :

« Un des troubadours qui réussirent le mieux
» dans le genre guerrier, ce fut Bertrand de
» Born, le plus impétueux, le plus violent des
» gentilshommes français. Esprit audacieux,
» il mit toujours dans ses sirventes comme dans
» ses actions une témérité, un emportement et
» une ardeur qui le placent au premier rang
» des poètes et des héros du douzième siècle.
» On le vit tour à tour du fond de son château
» d'Hautefort troubler par ses vers les cours

» de France, d'Espagne, d'Angleterre, désu-
» nir les rois entre eux, tandis que par ses ar-
» mes il combattait ses voisins, saccageait
» leurs châteaux, ou plus terrible encore, ré-
» sistait aux troupes de Henri II et de son fils
» Richard. »

Augustin Thierry :

« A la tête des révoltés de la Guyenne figu-
» rait, moins par sa fortune et son rang que par
» son ardeur infatigable, Bertrand de Born,
» seigneur de Hautefort près de Périgueux,
» homme qui réunissait au plus haut degré
» toutes les qualités nécessaires pour jouer un
» grand rôle au moyen-âge. Il était guerrier
» et poète, avait un besoin excessif de mouve-
» ment et d'émotions, et tout ce qu'il sentait
» en lui d'activité, de talent et d'esprit, il
» l'employait aux affaires politiques. Mais cette
» agitation en apparence vaine et turbulente

« n'était pas sans objet réel, sans liaison avec
« le bien du pays où Bertrand de Born était
« né. Cet homme extraordinaire semble avoir
« eu la conviction profonde que sa patrie,
« voisine des états des rois de France et d'An-
« gleterre, ne pouvait échapper au danger qui
« la menaçait toujours d'un côté ou de l'autre
« que par la guerre entre ses deux ennemis.
« Telle, en effet, paraît avoir été la pensée
« qui présida durant toute la vie de Bertrand
« à ses actions et à sa conduite. En tout temps,
« dit son biographe provençal, il voulait que
« le roi de France et le roi d'Angleterre eus-
« sent guerre ensemble, et si les rois avaient
« paix ou trêve, alors il se *peinait* et se tra-
« vaillait pour défaire cette paix. Par le même
« motif, Bertrand mit en œuvre tout ce qu'il
« avait d'adresse pour faire éclore et envenimer
« la querelle entre le roi d'Angleterre et ses
« fils; il fut l'un de ceux qui, s'emparant de

» l'esprit du jeune Henri, éveillèrent son am-
» bition et le poussèrent à la révolte. Il prit en-
» suite un égal ascendant sur les autres fils,
» toujours à leur détriment et au profit de l'A-
» quitaine. »

Villemain :

« Si vous voulez concevoir un moment ce
» qu'était un seigneur chanteur de ce temps-
» là, un guerrier troubadour, c'est à Bertrand
» de Born qu'il faut vous adresser. Sa vie fut
» plus orageuse que celle de tous les autres
» troubadours; son caractère était plus fier et
» plus hardi. La rudesse du moyen-âge était
» tout entière en lui. »

Pourquoi donc ne fait-il pas plus de bruit dans nos annales?

Millot a répondu :

« Parce que les réputations brillantes s'effa-

» cent quand elles n'ont point été peintes dans
» l'histoire d'une main habile. »

Rayez ces derniers mots qui élèveraient mes prétentions où il n'appartient à personne de les porter, et vous saurez pour quelle cause et dans quel but ce travail fut entrepris.

Je pensai, en découvrant cette grande figure cachée sous les ruines de six cents années et en la remontant au piédestal poétique et glorieux qu'elle avait conquis dans son siècle, faire œuvre plus intelligente que ceux qui vont désenfouir des pierres dans la vieille Egypte pour les hisser à beau renfort de millions sur nos places neuves.

Il me sembla à moi, méridional, que ce serait employer dignement son temps et bien mériter de son pays que de lui remettre aujourd'hui sous les yeux les plus belles pages de ce passé si plein, si curieux, si honorable, et cependant si peu connu.

Car il faut le dire avec franchise, tout est brut, tout reste à tailler pour l'histoire de notre midi. Le testament de nos pères était écrit dans une langue magnifique, mais difficile; ceux qui ont cherché à l'expliquer jusqu'ici ou n'ont pas su entendre, ou n'ont pas pu rendre.

Voyez en preuve et sans sortir du sujet les quatre hommes célèbres que j'ai cités.

Je rapproche leur interprétation de quatre morceaux de texte différents et pris au hasard dans les sirventes de Bertrand de Born, en intercalant à mesure ma traduction en vers qui, par sa fidélité littérale, peut servir de second terme de comparaison.

BERTRAND DE BORN.

Pus Ventedorn, e Comborn, e Segur,
E Torena, e Monfort, e Gordon,
An fag accort ab Peiregort e jur,
Que los borges se claven d'eviron :

Es bel et bon qu'hueymais eu m'entremeta
D'un sirventes per els aconortar
Qu'ieu no vuelh ges sia mia Toleta
Per qu'ieu Segurs non y podes estar.

M. Sismondi :

« Ventadour et Comborn, Segur et Turenne, Monfort et Gordon, ont fait ligue avec Périgueux; les bourgeois travaillent aux retranchements de leurs villes, ils relèvent leurs murailles. Puissé-je affermir leur résolution par un sirvente ! Quelle gloire nous est offerte ! On me présenterait une couronne, que je rougirais de ne pas entrer dans cette alliance ou de m'en détacher. »

TRADUCTION LITTÉRALE.

Puisque Combor, Ventadour et Segur,
Puisque Turenne, et Gordon, et Montfort,
Jurent la ligue avec le Périgort,
Que les bourgeois s'enferment dans leur mur,

C'est bel et bon qu'aujourd'hui je me mêle
D'une chanson pour les encourager ;
Car ne voudrais de Tolède la belle,
S'il m'y fallait toujours vivre en danger.

BERTRAND DE BORN.

Ie us dic que tan no m'a sabor
Manjars, ni beure, ni dormir,
Cum a quant aug cridar : à lor!
D'ambas las parts; et aug agnir
    Cavals voitz par l'ombratge
Et aug cridar : Aidatz! aidatz!
E vei cazer per los fossatz
    Paucs e grans per l'erbatge,
E vei los morts que pels costatz
An los tronsons outre passatz.

M. RAYNOUARD.

« Non, je ne trouve pas au manger, au boire, au dormir, un plaisir aussi avoureux que celui d'entendre des deux côtés, à l'aide! à l'aide! Et d'ouïr les hennissements des chevaux abandonnés dans la campagne, et ces exclamations, courage! courage! Je jouis en voyant capitaines et soldats rouler dans les fossés profonds, en voyant les morts étendus et les drapeaux et les guidons couchés à leurs côtés. »

TRADUCTION LITTÉRALE.

Je vous dis que rien ne m'est doux,
Manger, ni boire, ni dormir,
Comme d'ouïr crier : A nous !
Des deux parts; d'entendre hennir
   Chevaux seuls sous l'ombrage ;
D'ouïr crier : Aidez! aidez!
De voir rouler dans les fossés
   Peuple et grands sur l'herbage ;
Puis les morts qui dans les côtés
Ont des tronçons outre-plantés.

BERTRAND DE BORN.

. . . .

Pus en Enrics terra non te ni manda,
   Sia rey dels malvatz!

Que malvat fai quar aissi viu a randa
A liurazon, a conte et a guaranda;
Rey coronatz que d'autrui pren liuranda
Mal sembla Arnaud, lo marques de Bellanda.
Ni l'pros Guillem, que conques tor miranda,
Tan fon prezatz!
Pus en Peitau lur ment et lur truanda,
No y er mais tant amatz.

M. THIERRY.

« Puisque le seigneur Henri n'a plus de terre, puisqu'il n'en veut plus avoir, qu'il soit maintenant le roi des lâches. Car lâche est celui qui vit aux gages et sous la livrée d'un autre. Roi couronné qui prend solde d'autrui ressemble mal aux preux du temps passé; puisqu'il a trompé les Poitevins et leur a menti, qu'il ne compte plus être aimé d'eux. »

TRADUCTION LITTÉRALE.

Puisque le prince Henry n'a terre, ni commande,
Qu'il soit roi des vauriens!

Car ce n'est qu'un vaurien celui qui vit d'offrande,
De gages, de pitié, de honteuse provende !
Souffrant que la livrée à ton épaule pende,
Roi, tu ressembles mal au marquis de Bellande,
Mal au brave Guillem, conquérant de Mirande.
  Et si prisé dans les combats !
Puisque ce Poitevin nous ment et nous truande,
  Ne le connaissons pas !

BERTRAND DE BORN.

Mon chan fenisc ab dol et ab maltraire,
Per tostemps mais, et l'tenc per remazut;
Quar ma razon e mon gauch ai perdut,
E l'mellur rey que anc nasquet de maire.
  Larc e gen parlan,
  E ben cavalguan,
  De bonas faissos
  E d'umil semblan
  Per far grans honors.
  Tan tem que m'destrenha,
  Lo dols que m'estenha,
  Per qu'ieu vau parlan,

A Dieu lo coman,
Qu'el met al latz sanh Joan !

M. VILLEMAIN.

« Si tous les deuils et les pleurs, et les regrets
» et les douleurs, et les pertes et les maux qu'on
» a vus dans ce triste siècle, étaient réunis, ils
» sembleraient trop légers au prix de la mort
» du jeune prince anglais dont la perte afflige
» le mérite et l'honneur, et couvre d'un voile
» obscur le monde privé de joie et plein de co-
» lère et de tristesse. »

TRADUCTION LITTÉRALE.

Mon chant finit dans la douleur amère,
Et pour tout temps, car j'ai le cœur rendu ;
Avec ma joie et mon sens j'ai perdu
Le meilleur roi qui naquit onc de mère.
    Aimable en parlant,
    Bien en chevauchant,
    De courtoise humeur

Et de doux semblant
Pour vous faire honneur.
Mon ame éplorée
De deuil est navrée!
Je vais gémissant,
Et Dieu suppliant
Qu'il le mette auprès de saint Jean.

Comme on le voit, aucun de ces savants chercheurs des choses passées n'a traduit Bertrand de Born. Trois l'ont mal compris, et celui qui l'aurait à coup sûr mieux rendu que moi avec son immense érudition et sa vieille verve poétique, M. Raynouard, ne l'a pas essayé.

Donc, j'ai eu à traiter un sujet neuf, et je l'ai fait, non pas seulement avec zèle et conscience, mais, je l'avouerai, avec une sorte de bonheur. Ce pauvre baron du Périgord, au génie merveilleux, au fier courage, à l'existence tempêtueuse s'il en fut, m'intéressait tellement que j'ai lu sans relâche toutes nos pièces originales pour recueillir, entre les vignettes bizarres et les arabesques d'azur et d'or qui enjolivent le parchemin, les traits épars de sa biographie.

Puis je suis allé visiter les lieux où il vécut et où sa mort n'a pas laissé de traces (1). Et bien que je n'aie trouvé que ruines partout et constructions nouvelles, je souhaite le plaisir que j'ai eu à ceux qui verront après moi la montagne d'Autefort couronnée de son château moderne, la vieille maison de Martel et l'église aérienne de Rocamador.

Il resterait encore à retracer les lignes dont la scène politique était alors coupée. Mais qui ne sait pas que toute la partie occidentale de la France entre la Somme et les Pyrénées appartenait au roi de Londres?

Que celui de Paris, bloqué par la Bourgogne,

---

(1) Je remercie à ce propos tous ceux qui se sont empressés de m'être utiles, et particulièrement mon ami et compatriote Léon Dessales, digne et modeste continuateur de M. Raynouard.

la Champagne et la Flandre, régnait à peine sur cinq de nos départements?

Et qu'enfin au midi de la Loire flottaient indépendantes des deux couronnes les bannières du dauphin d'Auvergne, des comtes de Toulouse, de Provence et de Barcelonne?

Tel est l'avant-propos que j'ai cru nécessaire : tout ce que je pourrais ajouter maintenant prend place sur le terrain historique et appartient à mes personnages, à qui je cède la parole en leur souhaitant le bon accueil et la sympathie qu'ils trouvaient partout de leur temps.

(*L'auteur de la Jolie Royaliste.*)

LE SEINHOR.

Can seretz en torney,
Si creire volétz mey
Totz vostre garnimens
Aiatz cominalmens,
L'ausberc e l'elm doblier,
E las caussas d'assier,
E vostr' espaz' al latz
Que de grans colps fassatz.

Si vous voulez m'en croire,
Quand irez au tournoi,
Emportez comme moi
Le harnais des batailles,
Heaume, cotte de mailles,
Et les cuissards dessous,
Et l'épée avec vous,
Pour frapper de grands coups.

(ARNAUD DE MARSAN.)

CHAPITRE PREMIER.

Le Seinhor.

« Maudites soient ces branches pour le tort
» qu'elles font au cavalier et au cheval ! Je ne
» serai plus qu'une égratignure en arrivant là-
» bas, et toi, ma pauvre Sarrazine, tu en auras
» au moins pour huit jours de litière de poser
» tes pieds mignons dans ces cailloux ! Allons !
» allons ! ne secouez pas votre tête comme un

» moine qui chante, et avouez qu'on n'est pas
» mal en pays chrétien, n'est-ce pas, Cornils?—
» Mais je prêche dans le désert : Sarrazine ne
» sait pas encore le roman; vous, maître Cornils,
» serré et bouclé dans ce harnais de fer, n'avez
» pas plus de pouvoir de me répondre, et com-
» ment me répondriez-vous? — A grand'peine
» pouvez-vous m'entendre en tournant de mon
» côté les trous de votre casque (ce qui, soit
» dit en passant, vous donne plus l'air de ce
» squelette qu'on voit peint aux vitraux de la
» cathédrale de Limoges que d'un brave et
» loyal écuyer que vous êtes); et quant au sei-
» gneur qui rêve là devant nous il va trop oc-
» cupé de vers et de batailles pour songer aux
» choses vulgaires de ce monde. »

Celui qui parlait ainsi suivait un chemin moitié battu, moitié impraticable, dont la ligne tortueuse, serpentant le long des coteaux boisés de Fronsac, semblait se diriger vers Bordeaux. Les ténèbres du crépuscule (car il ne faisait pas encore jour), rendues plus épaisses par l'ombre des arbres, ajoutaient aux difficultés de la marche et justifiaient de reste l'impatience du voyageur. Aussi l'exhala-t-il sans ménagement tant que le sentier fut mauvais et le ciel obscur. Mais quand les premières lueurs de l'aube blanchirent les clairières, et qu'il arriva vis à vis le confluent de l'Isle et de la Dordogne, un profond silence remplaça tout à coup ses murmures, et, s'apercevant que ses compagnons ralentissaient le pas, il mit son cheval au trot pour les rejoindre.

C'était un homme d'une trentaine d'années, petit, mince et singulièrement vêtu. Une toque verte ombragée de plumes de paon lui servait de coiffure : il était couvert d'une cape blanche à grands plis sur laquelle paraissaient brodés des papillons et des tours, et qui, toutes les fois qu'elle s'ouvrait aux mouvements de la cavale, laissait voir des vêtements bigarrés. Or, à ce signe caractéristique, aux bas violets et aux gants de même couleur qui complétaient son costume, il était facile de reconnaître le jongleur.

En revanche on aurait eu besoin d'un sorcier arabe pour deviner sous ces écailles de fer l'homme d'armes qui cheminait à sa droite. Il avait la tête enfermée dans un casque cylindrique percé seulement de trois fentes : deux qu'on appelait, en langage de ce temps, les oculaires, et la troisième destinée au passage de l'air. Une lourde cuirasse chargeait sa poitrine; des brassards, des gantelets, des grèves et des genouillères massives couvraient le reste de son corps. Il n'y avait pas jusqu'à son cheval, dont les flancs et le poitrail étaient revêtus de lames de métal et qui portait au front un chanfrein découpé en forme de masque. Joignez à cela une stature presque gigantesque, des membres hors des proportions communes, et vous aurez une idée de l'escudier Cornils, qui formait avec le jongleur frêle et délicat comme une femme une opposition remarquable. Quant au cavalier qui les précédait de quelques pas, il ne ressemblait ni à l'un ni à l'autre. Et toutefois un coup d'œil suffisait pour se convaincre qu'il réunissait à un degré plus parfait l'élégance corporelle du premier à la force musculaire du second. Une capeline de mailles entourait sa tête en retombant comme un manteau sur ses épaules et sa poitrine. Par dessus était attaché un casque poli avec soin et ouvert sur le devant, à l'exception d'une lame d'acier mince et allongée qui descendait perpendiculairement du front au menton, prenant de l'office qu'elle était chargée de remplir son nom de nasal. Le reste du visage était nu. Une large épée pendait en outre à sa ceinture et retentissait par intervalles en battant le flanc de son cheval complètement bardé d'une couverture de mailles.

Si un vassal, un pélerin, ou un marchand, s'étaient trouvés là au passage, le vassal aurait pensé : Voilà le baron avec son jongleur, il y aura fêtes, chants et jeux dans les castels voisins; malheur à nous si les dés tombent mal. Le pélerin aurait dit : Voilà le baron avec son escudier armé de toutes pièces, il va machiner guerres et complots; les chemins ne seront plus sûrs. Le marchand aurait murmuré en se frottant les mains : Voilà le baron avec son escudier et son jougleur qui va à la cour d'amour; l'assemblée sera belle et riche, j'y vendrai le double mes robes de soie.

Mais si un observateur sérieux du cœur humain, habitué à juger des passions par les symptômes qu'elles laissent échapper extérieurement, eût regardé de près ces joues pâles et ces yeux pleins d'une sombre mélancolie, il aurait fait d'autres conjectures.

En effet, quoique les lignes de démarcation fussent aussi rigoureusement gardées que tranchées profondément dans la société du douzième siècle, il s'offrait mille occasions où les barons s'empressaient de les oublier avec leurs inférieurs. Ce cas arrivait surtout en voyage et lorsqu'il s'agissait de deux hommes aussi avant dans leur intimité que l'escudier et le jongleur. On n'eût donc pas présumé sans raison qu'il fallait que l'esprit du seinhor fût chargé de pensées bien graves, puisque ceux-ci se tenaient silencieusement à distance.

Deux ou trois fois seulement le jongleur qui supportait impatiemment cette contrainte essaya d'envoyer quelques paroles à l'oreille de son compagnon; mais soit qu'elles fussent interceptées par l'épaisseur du casque, soit que l'autre ne voulût pas les entendre, il ne bougea pas plus sur sa selle qu'une image de pierre. Ce que voyant le joueur de cytale, il lui lança un regard d'insouciante moquerie, et passa à côté de son maître. Celui-ci était arrivé sur le plateau qui domine Fronsac; dès qu'il fut au bord, son cheval s'arrêta; tiré alors comme en sursaut de ses réflexions il ramena doucement la bride et jeta les yeux dans la plaine.

Les teintes lactées du matin se fondaient rapidement dans le ciel : des torrents de lumière coulaient comme des fleuves de cristal entre les sillons jaunes et roses dont tout l'horizon était peint. Le jour, pur, éclatant, magnifique, envahissait peu à peu en l'éclairant l'azur sombre encore du firmament. C'était à peine si on retrouvait çà et là une ou deux étoiles prêtes à s'éteindre, et agitant pour la dernière fois leur lueur vacillante. Un vent frais montait des bas-fonds en rasant la terre. L'alouette chantait dans les cieux, c'était une douce matinée de printemps.

Le baron baissa la tête, ses joues devinrent livides, et, faisant signe à son escudier d'avancer, il lui montra la plaine.

A leurs pieds les maisons grisâtres de Fronsac; plus loin Condates, la vieille mère de Libourne; au delà, dans un horizon infini, les montagnes du Périgord; les flots clairs et tortueux de la Dordogne réfléchissant dans leurs méandres, ravines, hameaux et tourelles, à droite; à gauche, la riante vallée de l'Isle; à l'ouest, le reflux des brumes du matin chassées derrière eux par le vent : tel était le paysage qui se déroulait à cette heure. Malheureusement ce panorama, que le soleil printanier eût rendu magnifique si les blés avaient verdi les champs, et que les pêchers eussent été en fleurs sur les

collines, n'offrait qu'un tableau de dévastation.
De loin en loin un cercle noir laissé par l'incendie marquait la place des villages. Les vignes, les arbres à fruits, gisaient arrachés sur les pentes des coteaux ou à demi brûlés, ils barraient encore les chemins ; les terres étaient en friche; à peine si, à grandes distances, quelques endroits horriblement foulés attestaient de vains essais de culture. Une solitude, un silence de cimetière, couvraient la campagne.

Les gantelets de l'escudier se joignirent d'horreur à cette vue, et il commençait une exclamation quand le baron s'écria vivement, en s'adressant au jongleur :

—Holà, Papiol, toi qui as des yeux de faucon, regarde-moi donc cette masse qui remue dans la plaine.

Celui-ci se leva sur ses étriers, et après un court examen de l'endroit désigné il répondit presque à voix basse, en regardant son maître :

Ce sont les Brabançons !

L'œil du baron étincela et s'attacha avec une

sorte de joie au groupe nommé par le jongleur. De moment en moment il devenait plus distinct, et bientôt, grace aux rayons du soleil levant qui l'éclairèrent en plein, on put l'apercevoir dans tous ses détails. A droite et à gauche du chemin, venaient deux files d'hommes, les uns à cheval, les autres à pied. Ils portaient tous la bourguignote de fer ou demi-casque, et des jaques de cuir de cerf garnis de chaînes sur les manches. Quant à leurs armes, c'était une confusion d'arcs, de haches à crochets, de mails de plomb, d'épées, de lances même, qui caractérisait parfaitement ce genre de troupes.

Les Brabançons devaient leur existence militaire au roi Henri II. Ce prince toujours à cheval, ayant quelquefois éprouvé de rudes mécomptes lorsqu'il voulait opposer, dans les guerres de la couronne, sa noblesse anglaise à la noblesse du continent, et réciproquement, imagina, pour fortifier la royauté, de l'entourer d'un corps de mercenaires. Afin d'être plus sûr d'un dévouement aveugle, il avait formé ses

bandes d'hommes ramassés dans tous les pays
(en Brabant surtout, d'où ce nom leur resta),
et comme il n'exigeait d'eux que l'obéissance et
la fidélité à sa personne, la plus effroyable
licence s'était introduite dans leurs rangs. En
guerre, ils commettaient des désordres inouïs,
mais qui, étouffés par le bruit des armes, de-
meuraient impunis. En paix, ils ne respectaient
rien, et pour se tenir en haleine ils pillaient
les villages, les églises, les monastères, les châteaux qu'ils pouvaient forcer, n'épargnaient ni
faible ni fort, ni pauvre ni riche, ni âge ni
sexe, mais se répandaient par le pays, volant,
brûlant et saccageant tout comme des païens.
Ceux qui traversaient ces terres ravagées avaient
donc profité de l'absence du roi, occupé outre
mer, pour rançonner la Guyenne. Ils étaient
chargés de butin et avançaient si lentement que
le baron, par un mouvement d'impatience et
malgré le signe prudent de son escudier, quitta
les chênes qui le couvraient et fit quelques pas,
sur le plateau, à leur rencontre.

Les Brabançons marchaient, comme nous l'avons déjà vu, sur deux files : les difficultés de la route forcèrent celle de droite à laisser passer l'autre la première : alors se découvrit un spectacle propre à remuer vivement un cœur aquitain.

Des hommes frappés au type méridional se traînaient péniblement au milieu de ces bandits : pour leur ôter jusqu'à l'espoir de fuir, on les avait enchaînés ensemble à de lourdes pièces de bois hérissées d'anneaux de fer dans lesquels passaient leurs jambes ; des femmes demi-nues, des enfants exténués de fatigue et de faim, liés deux à deux, trois à trois, suivaient pêle-mêle en poussant des cris de douleur. C'étaient les habitants de cette malheureuse contrée qui, n'ayant pu se racheter, allaient être vendus comme esclaves ou comme serfs. Et le marchand de chair humaine les attendait, sans doute, à Fronsac, car, dès qu'ils furent en vue de ce bourg, les Brabançons se mirent à les accabler de coups pour activer leur marche, tandis que ceux qui avaient des chevaux en prirent la route au galop.

— Ils arriveront plus tôt que nous, observa le baron d'une voix sourde ; mais n'importe. Suis moi, Cornils, nous les rejoindrons à l'albergaria.

— Entendez-vous, maître escudier? votre tête va renouveler connaissance avec les mails de plomb.

Une sorte de grognement métallique prouva que celui-ci avait parfaitement compris Papiol.

— Vous avez donc retrouvé l'ouïe, s'écria le malicieux jongleur d'un air de triomphe ! Très bien ; il ne vous manque plus que la parole pour solliciter saint Léonard, car, s'il lui plaisait de faire le sourd comme à vous tout à l'heure, adieu les dés et le clairet ! Quant à moi, continua-t-il en montrant le baron, quand je lui vois cet air sombre et la targe au cou, je ne compte pas plus sur ma pauvre vie que sur la peau de ce tambour. Mais au diable la mort, nous avons encore demi-heure à passer gaîment en ce monde !

Au bout de ce temps, en effet, ils se trouvèrent à l'entrée du bourg : de là, ils gagnèrent facilement l'albergaria ou auberge ; car c'était la seule maison qui ne fût pas ruinée, et l'épaisse fumée qui s'échappait du toit l'indiquait de reste en ce moment.

Telle était la confusion qui régnait à l'intérieur que le baron y avait pénétré avec Cornils, avant même qu'on se fût aperçu de sa présence. Une querelle paraissant sur le point de s'engager, il s'arrêta en spectateur indifférent à côté de la porte.

Les Brabançons occupaient tout le haut de la vaste chambre enfumée, qui était le seul asile que l'ostalier pût offrir au public. Immédiatement au-dessous d'eux et autour d'une table assez bien garnie se pressaient une douzaine de personnes dont il suffisait de voir les robes de drap et les chaperons pour deviner la position sociale. Ces honnêtes bourgeois buvaient là le vin du matin et accompagnaient dévotement chaque libation d'un couplet du cantique de saint Julien, patron des voyageurs. Or, voilà d'où venait le trouble. Les routiers, ennuyés de la psalmodie, leur avaient intimé l'ordre de sortir; ceux-ci préféraient rester, et tout en évitant avec grand soin d'irriter ces dangereux adversaires, ils tâchaient de tourner la chose en accommodement.

— Nous sommes, disait humblement le plus âgé, de fidèles sujets du roi d'Angleterre. La ville de Brives nous envoie à Bordeaux pour régler l'arriéré des tailles. Et quand bien même le chancelier de Sa Majesté ne nous attendrait pas expressément aujourd'hui et que nous n'aurions pas en poche le sauf-conduit du gouverneur, notre seule qualité d'hommes libres, de gens paisibles, devrait nous assurer asile et protection partout. L'ostal est d'ailleurs ouvert à tout le monde; en payant notre écot et nous y comportant comme il convient à des personnes de notre état et de notre âge, il me semble qu'on n'a rien à nous dire. Mais bien que nous ayons raison et justice de notre côté, nous ne verserons jamais du vinaigre dans le miel: c'est pourquoi nous voilà tranquilles. En admettant que le cantique du bienheureux saint Julien vous ait déplu, il est fini ; oublions donc tout sujet de discorde, et mettez, si vous voulez, qu'on n'ait rien dit.

Ce discours exprimait si fidèlement le vœu unanime de la députation, qu'il fut accueilli avec l'adhésion la plus marquée par les bourgeois ; mais il n'obtint pas le même succès de l'autre côté de la salle, car, à la dernière parole de l'orateur, un homme grand, fort, aux larges épaules, mieux armé que ses compagnons et coiffé d'un capuchon de mailles qui masquait son visage, se leva du milieu des Brabançons et jeta rudement ces mots :

— On vous a dit de sortir !

Les bourgeois se levèrent et se disposaient à obéir en murmurant, lorsqu'une voix calme et brève répondit derrière eux :

— Restez !

Tous tressaillirent en se retournant, et ils

aperçurent le Seinhor qui, avec son armure étincelante dans le crépuscule, avec ses bras croisés, son regard froid, ses joues pâles, leur fit l'effet d'une apparition. Avant qu'ils fussent revenus de leur surprise, il répéta :

— Restez! vous êtes les maîtres, c'est aux étrangers de sortir!

—Qui ose parler ainsi? s'écria le routier qui était déjà debout, en quittant précipitamment sa place.

— Moi! dit le baron.

— Comment as-tu appelé les soldats du roi?

— Des étrangers et des bandits!

Le routier s'élança, mais, frappé à la tête d'un coup de gantelet, il tomba comme un bœuf sur le carreau.

Tout cela s'était passé si promptement que les Brabançons n'avaient pu jouer que le simple rôle de spectateurs; mais en voyant leur chef étendu à terre sans mouvement, ils voulurent sauter sur leurs armes. Heureusement l'escudier y avait pourvu. Tandis que son maître attirait toute l'attention des bandits, il s'était approché de la cheminée auprès de laquelle séchaient entassés au même faisceau arcs, mails, haches et lances, et il avait tout jeté dans le feu, en sorte que les mercenaires en se tournant de ce côté n'y trouvèrent plus qu'un formidable fantôme couvert de fer et brandissant une masse d'arçon dont le volume fit reculer les plus hardis. Ils se serrèrent tout stupéfaits à l'autre bout de la chambre, mouvement qui rendit le cœur aux bourgeois au point de leur donner une attitude hostile. Le député qui avait déjà pris la parole jugea même à propos de formuler des remercîments au baron :

— Graces vous soient rendues, noble gentilhomme; sans vous, nous allions être forcés, pour éviter l'effusion du sang, de subir la loi de ces mécréants. Car il n'y a plus aujourd'hui ni droit ni justice dans notre malheureux pays. Le plus fort y règne; tant pis pour les plus faibles ; il faut qu'ils deviennent victimes quand ils seraient, comme nous, les plus pacifiques des hommes, quand bien même ils auraient quitté leurs maisons, leurs familles et leurs affaires dans l'unique vue du bien public...

A ce mot, celui auquel on s'adressait interrompit le discoureur :

— Qui parle de bien public, ici? s'écria-t-il d'un ton sévère; est-ce vous, hommes de la cité? Vous avez raison : le jour qu'on viole vos privilèges, que le sénéchal vous extorque une obole de plus, que le Castellan voisin bloque vos marchés, que vos débiteurs crient à l'usure, ce jour-là, le bien public est en question. Quand la cloche sonne, vous courez vite au conclave municipal afin de pourvoir au nettoyage d'une rue; quand le marteau frappe le beffroi, vous bordez vos remparts avec précipitation, la guette de la tour n'eût-elle aperçu qu'un pélerin ! Mais si des pennons étrangers flottent dans la plaine, si des tentes anglaises ou franques sont tendues dans les prés, si vos barons brisent en vain leurs écus contre les lances de l'ennemi, que les flammes dévorent leurs tours, que les soudadiers pillent et ravagent les campagnes, qu'ils rasent la maison de terre du pauvre laurador, comblent ses sillons, tuent son attelage, violent sa femme et le vendent lui-même comme esclave ou comme serf aux juifs, que vous importe? Il ne s'agit pas du bien public! et clos tranquillement par vos murailles après vous être assurés que les portes sont bien verrouillées, vous regardez les désastres de la patrie sans même lancer une flèche! car vous êtes une race bâtarde et judaïque, isolée de tout ce qui vous entoure, sans autre pays que vos comptoirs, sans autre but que l'intérêt, sans autre passion que l'égoïsme. Votre cœur devient plus mou dans l'occasion que la laine qui a tissé ces robes. Vous êtes ici douze, jeunes encore et forts, et sur l'injonction de ces misérables, vous alliez sortir comme des lâches. La seule chose que vous regrettiez c'était l'ostal : vous vous seriez humiliés jusqu'à la bassesse s'il vous avait été permis d'achever ces provisions entamées, de vider ces bouteilles à moitié pleines. Vous saviez cependant que des malheureux nés sous le même ciel, que des frères, que des Aquitains étaient là, sous vos pieds, couverts de chaînes, entassés comme un vil bétail, et il ne vous est pas venu en pensée qu'eux aussi avaient faim et soif ; et vous, hommes de la commune, si zélés pour le bien public, vous n'avez pas trouvé pour eux un morceau de pain, un verre d'eau sur votre table! — Honte soit sur vous tous !

Les bourgeois se mettaient en devoir d'atténuer ces reproches, mais il ne leur en donna pas le temps, et reprit, en leur lançant un coup d'œil de mépris :

— Silence! Vous venez de dire qu'il n'y avait ni droit ni justice en notre pays, je vais vous prouver le contraire à l'instant. Holà, routiers! combien de prisonniers conduisez-vous?

— Trente-huit, répondit un des mercenaires après quelques moments d'hésitation.

— Quelle somme les auriez-vous vendus au marchand d'esclaves?

— Soixante-seize marabotins d'or.

— Je ne veux pas être moins généreux qu'un Sarrazin ou un Danois. Allez les chercher, je les prends à ce prix.

Il parlait d'un ton si naturel que les Brabançons, en les supposant même libres de prendre un parti, n'auraient conçu aucune défiance; deux d'entre eux se détachèrent donc du groupe et ramenèrent les vassaux que le baron fit délier devant lui. Cela fait, il se tourna vers les bourgeois.

— Vous vous rendez, dit-il, à Bordeaux pour régler avec le chancelier un différend survenu au sujet des tailles; montrez-moi les collectes de la cité, que je voie qui a tort ou raison.

Cette demande n'avait pas l'air de plaire

beaucoup aux députés; ils se résignèrent pourtant et lui remirent un rouleau de parchemin qu'il déploya au jour et parcourut avec le plus grand soin. Bientôt les traits des hommes de la cité s'épanouirent en entendant ces paroles :

— Vous ne devez rien au roi d'Angleterre.

— Le bailli est mal fondé dans ses réclamations, n'est-ce pas, noble gentilhomme?

— Je dis que vous ne devez rien ni au roi, ni au comte, ni au bailli d'aucun d'eux. En conséquence, voici la meilleure occasion qui se soit jamais présentée de faire bon emploi des deniers de la ville. Ouvrez sa bourse et payez la rançon de ces pauvres gens.

Les bourgeois furent attérés, tant ils étaient loin de s'attendre à cette conclusion ; mais placés entre le noble et les mercenaires comme entre l'enclume et le marteau, il fallut bien s'exécuter : ils le firent avec toute la mauvaise grace qu'on met à une chose forcée.

— Bien ! dit le baron quand il vit les soixante-seize pièces d'or sur la table ; retirez-vous maintenant, et que saint Julien vous conduise !

Ils se hâtèrent d'obéir.

Alors se tournant vers les routiers :

— Je vous ai promis la rançon de ces hommes, mais vous m'en devez une pour le brigand que j'ai abattu. Si j'en juge d'après la richesse de son camail et le soin qu'il met à couvrir son visage, ce doit être un prisonnier de haute valeur. Toutefois je me contenterai pour le mien du prix que vous exigiez pour les vôtres. Emportez-le donc et sortez ! nous sommes quittes.

Personne n'osa se révolter contre cet arrêt : ils montrèrent au contraire une docilité qui faisait le plus frappant contraste avec leur air farouche.

— Et vous, dit-il aux vassaux, quand le dernier eut disparu, prenez maintenant cet or et fuyez, car ces misérables sont comme les corbeaux, une bande attire toujours une autre bande. Comme pour appuyer la vérité de ces paroles, Papiol accourut dire à ce moment qu'on apercevait des points noirs au fond de la plaine; aussitôt les vassaux s'enfuirent dans la direction opposée, et le Seinhor gagna la Dordogne avec son escudier et son jongleur.

—

MATINÉE PRINTANIÈRE.

Bertrans de Born si era anatz vezer una seror del rei Richart, laquals avia nomma domna Eleina. Bella domna era e molt cortesa e enseignada, e fazia gran honor en son acuillimen e en son gen parlar.

Bertrand de Born était allé voir une sœur du roi Richard, qui avait nom Élena. C'était une belle dame, très courtoise, noblement élevée, et qui faisait grand honneur en son accueil et en son gentil parler.

(*Biographie originale des Troubadours.*)

CHAPITRE II.

Matinée Printanière.

Les ducs de Guyenne ou les rois d'Angleterre, quand ils séjournaient à Bordeaux, habitaient ordinairement le château de l'Ombrière. Cette vieille demeure féodale s'élevait entre la bourse et le quai de la douane, à la place que semble encore religieusement conserver aujourd'hui une porte gothique, seule réminiscence du passé au milieu de toutes ces constructions modernes. L'édifice, lourd et massif comme le style architectural qui avait présidé à son ordonnance, formait un carré parfait environné de fossés qui le séparaient de la ville et flanqué de tours de distance en distance ; à l'est et à l'ouest seulement le double mur dont Henri II venait de fortifier Bordeaux l'enfermait dans son enceinte et allait se rejoindre ensuite au bord de la Garonne. Or le vaste espace qui s'étendait en suivant la courbure de la rivière, depuis ce rempart nouvellement bâti jusqu'à la porte qui existe encore, était le Verjan ou jardin des souverains de la Guyenne. Ce lieu de plaisance différait, comme on pense bien, de toutes les idées qu'on pourrait s'en faire aujourd'hui, la décoration horticole n'entrant pas pour grand'chose dans les arts du douzième siècle. Cependant la pensée de nos pères était imprégnée de tant de poésie que, toutes les fois qu'elle tombait de leur imagination, comme la goutte d'eau dans une grotte à stalactites, elle prenait une forme brillante ou gracieuse. Il suffisait là d'un coup d'œil pour rendre cette vérité évidente.

Six rangées d'ormes d'une grosseur extraordinaire ombrageaient d'abord parallèlement le palais qui leur devait son nom : on trouvait ensuite une prairie dont l'extrémité angulaire allait aboutir par une pente assez brusque à une fabrique dans le goût mauresque. C'était une rotonde en marbre rose des Pyrénées, entourée de lauriers. Une pelouse nue et le rempart servant à la fois de défense et de terrasse terminaient le Verjan du côté de la Garonne.

Qu'on se figure maintenant tout ce qu'une fraîche matinée de mai pouvait ajouter de charmes à un lieu pareil, et on se le représentera tel qu'il était à peu près le jour où nous ramenons nos lecteurs.

Les rayons du soleil resplendissant entre les ormeaux montraient de temps en temps une dame et un cavalier qui s'y promenaient dans un état très visible d'agitation.

La dame avait dix-huit ou vingt ans; de superbes cheveux blonds nattés avec art couronnaient sa tête et retombaient en larges tresses sur ses joues et le long de son cou. Ses yeux étaient bleus et fiers, sa bouche parfaite quoique dédaigneusement contractée en ce moment. Son sein paraissait battre d'émotion sous une robe de velours blanc très haut et très étroitement lacée, mais qui dessinait, malgré ou peut-être grace à cette mode, une taille où l'élégance le disputait à la richesse.

Le cavalier portait le costume du temps, des chausses et un sobrecot ou pourpoint de drap fin, très juste, avec une ceinture dorée. Mais si rien ne frappait les yeux dans sa manière de se vêtir, sa tournure tout à la fois noble et martiale, et sa physionomie qui, fortement caractérisée par ses cheveux et ses yeux noirs, exprimait avec la rapidité de l'éclair les affections les plus vives de l'ame, étaient de nature à faire une impression profonde.

Ils étaient en querelle et allaient passant et repassant sans cesse dans la même allée, non sans échanger avec vivacité leurs sujets mutuels de plainte.

— Que les hommes sont fous, disait la jeune dame, d'un ton d'impatience ; vous n'êtes arrivé que d'hier, vous n'avez pu me voir que maintenant ; il ne nous reste qu'un moment, qu'un seul pour être ensemble, et nous le perdons à disputer.

— A qui la faute, Éléna ?

— Aux sottes chimères de votre jalousie.

— Vous auriez donc voulu que je visse tranquillement l'air de liberté indécente que prend avec vous le vicomte de Limoges ?

— Quelle liberté prend-il, grand Dieu ? Je ne m'en suis point encore aperçue ?

— Pas même lorsque, moi présent, il a renoué hier au soir vos tresses ?

— Allez, vous êtes fou !

— Je pensais que vous feriez cette réponse.

— C'est la seule qui vous convienne : n'est-ce pas une déraison sans exemple que de venir me faire un crime d'une chose à laquelle je n'ai pas même fait attention ?

— Et que vous trouvez toute naturelle peut-être ?

— Ma foi, je n'y verrais pas grand mal, quand bien même elle serait vraie, ce que vous assurez tout seul.

— Je n'ai pas la même opinion que vous là-dessus.

— C'est que vous jugez en aveugle, avec votre dépit, avec vos colères du moment, qui vous font oublier que le vicomte est de mon âge, que nous avons presque été élevés ensemble, que je le connaissais avant vous.

— Raison de plus, Éléna : ce passé dont vous me parlez, presque toutes les femmes l'ont eu avant de rencontrer l'homme qui les aime véritablement. Revenir sur ses pas pour le sonder en cherchant à y découvrir quelles sympathies il renferma, quelles affections éteintes il fit éclore, quels rêves de jeunesse le traversèrent comme des éclairs, serait de la part de cet homme injustice et folie. Mais il est toujours imprudent, toujours dangereux à une femme de rappeler ce temps à celui qu'elle aime en le mettant en opposition avec quelqu'un qui y joua un rôle. Car, vous le sentez aussi bien que moi sans doute, on a beau avoir foi dans une femme, on a beau compter sur son cœur, la vue d'un tel homme, la familiarité involontaire qu'il conserve, vous reportant malgré vous aux jours loin de vous écoulés, arrêtent l'imagination sur mille pensées qu'elle n'aurait jamais conçues et les tournent comme autant d'aiguillons contre votre ame. Puis nous éprouvons, nous autres hommes, un sentiment pénible qui tient, si vous voulez, de l'égoïsme, mais à qui vous pouvez donner le pardon, car il n'a que vous seules pour but, en voyant notre présent, dans lequel nous vivons heureux, déchiré tout d'un coup par d'anciens souvenirs qui nous sont étrangers.

Ajoutez à cela qu'il reste constamment de cette manière un coin de votre cœur d'où nous sommes exclus, et vous comprendrez sans peine la répugnance que m'inspire cette ombre de liaison avec le vicomte de Limoges.

—Plut à Dieu qu'il vous fût aussi indifférent qu'à moi !

—Mais s'il vous est indifférent, pourquoi cette émotion, toutes les fois que nous tombons sur ce sujet ?

—Parce que vos soupçons me blessent et que votre jalousie me semble une insulte.

— Je l'ai déjà dit, Éléna, je vous tiens en trop haute estime pour vous supposer capable de descendre à ce choix ; et quant au sentiment que vous appelez jalousie, j'ignore quel nom on doit lui donner, mais c'est le même qui m'affecterait si je voyais cette chenille ramper sur votre front.

— Ne vous en occupez donc plus, Bertrand, car en vérité vous me poussez hors des bornes de la patience. Si j'y pouvais quelque chose encore; mais faut-il, parce que vous avez pris le vicomte en haine, que je l'exile brusquement de ma présence, sans le plus léger prétexte, sans le moindre motif?

—Le fait seul de nous avoir mis en discorde suffirait, à mes yeux ; mais je ne vous demande pas de l'exiler. Tout ce dont je vous conjure, dit-il d'un air grave, c'est de l'accueillir devant moi avec une œillade moins douce, si vous ne voulez pas que je tourne la tête de mon cheval du côté d'Autefort.

—Ecoutez, Bertrand, dit la dame en s'arrêtant et en le regardant non sans rougir, croyez-vous que je sois libre de mes sentiments?

— Oui, sans doute.

—Qui m'empêcherait alors de vous préférer le vicomte de Limoges, si tel était mon penchant? Et si je ne vous avais pas donné mon amour à vous, pour vous seul, pourquoi ne le laisserais-je pas monter à la place que lui destine naturellement le nom que je porte?

—Dame, répondit le cavalier, avec un léger tremblement dans la voix, ce n'est pas parce que vous êtes la fille du roi d'Angleterre que je vous ai aimée. Sachez bien que tout faible, que tout pauvre gentilhomme qu'il puisse paraître, Bertrand de Born a un cœur qu'il ne troquerait pas contre celui du plus grand prince de la chrétienté, et que jamais il ne l'eût fait mentir une heure, ni pour tous les esterlins de Londres, ni pour la couronne de votre père.

Il y avait dans ces paroles une expression de fierté blessée et d'amertume qui alarma vivement la sœur de Richard ; elle parcourut le Verjan des yeux et se rapprochant de Bertrand de Born :

—J'ai eu tort, dit-elle à demi-voix, j'ai eu tort de vous parler de ces choses; pardonnez-moi, et ne songez plus qu'à l'amour que j'ai pour vous qui me fait déraisonner aussi parfois, ajouta-t-elle en prenant sa main et la pressant avec émotion.

Il est bien difficile de se trouver aussi près

de la femme qu'on aime, de voir des pleurs à ses paupières, de la rougeur sur ses joues, d'entendre sortir des prières de ces lèvres dont le baiser vous est si doux, sans oublier son ressentiment : à chacune de ses paroles, soupçons, colère, jalousie s'évaporaient au souffle de sa voix dans l'ame du trobador, comme les vapeurs bleuâtres de la plaine au premier vent du jour.

Ce débat allait donc finir comme finissent toutes les querelles d'amour, par un rapprochement plus tendre ; déjà leurs têtes se penchaient comme pour sceller une réconciliation, lorsque le diable, qui de tout se mêle, imagina d'envoyer le vicomte de Limoges.

A cette vue, la rougeur d'Eléna devint plus vive, Bertrand de Born reprit toute sa mauvaise humeur.

Les regards du vicomte errèrent un instant de l'un à l'autre avec une sorte de curiosité ; il s'inclina ensuite devant Eléna, et saluant légèrement Bertrand :

— Je savais bien, madame, dit-il d'un ton moitié libre, moitié railleur, que vous étiez au Verjan, mais je ne m'attendais pas à vous y trouver en si noble compagnie.

Par un sentiment de cette coquetterie à double portée qui, tout en se couvrant d'une excuse, ménage une susceptibilité, la fille d'Henri II se hâta de répondre qu'ils ne faisaient que d'arriver. Elle s'assit en même temps, sous prétexte de fatigue, et entama avec le vicomte une conversation qui ne tarda pas à devenir très animée. Comme on le conjecture sans peine, Bertrand de Born n'y prit aucune part. Silencieux, et les yeux baissés, il écoutait, et à mesure que la chaleur de la causerie, franchissant une à une des nuances insaisissables pour tout autre, révélait, à l'insu même des interlocuteurs, un degré d'intimité de plus, le nuage qui couvrait son front se rembrunissait davantage. Enfin, ne pouvant plus supporter une contrainte qu'il ne s'était que très difficilement imposée, il se détermina à la retraite.

— Eh quoi! vous penseriez à nous quitter? lui dit Eléna d'un ton de surprise en le voyant ôter sa toque.

— Des affaires importantes m'appellent dans la cité, et il ne fallait rien moins, madame, que le charme de votre présence pour m'avoir fait oublier l'heure.

— Et je gage la meilleure paire de mes faucons, dit le vicomte de Limoges, qu'il s'agit en ces affaires de guerre ou d'amour.

— C'est ce que j'abandonne à votre sagacité, murmura Bertrand avec un sourire douteux.

Eléna voulut lui adresser à la dérobée un coup d'œil d'adieu, mais il avait déjà disparu sans tourner la tête.

— On dirait que l'illustre trobador chasse des rimes fugitives, observa le vicomte de Limoges: il est soucieux comme un bourgeois le jour du paiement des tailles; ne trouvez-vous pas, madame?

— Oui, vous avez raison, répondit celle-ci,

qui n'avait pas écouté un mot ; rentrons, le soleil commence à devenir chaud sous ces arbres.

Mais le vicomte, qui avait sans doute des motifs particuliers d'insister, ne se tint pas pour battu, et reprit, quand ils furent près de la porte :

— Je crains que nous ne revoyions pas le castellan d'Autefort d'aujourd'hui.

— Oh ! rassurez-vous, dit Eléna, en affectant la plus complète indifférence; il sera probablement au festin du paon.

Ben volon obediensa,
  Selhs de la clercia,
E volou ben la crezensa,
  Sol l'obra no y sia.
Greu lur veyretz far falhensa
  Mas la nueg e'l dia;
E si vos en faitz clamor,
Seran vos encusedor...

Bien veulent obéissance,
  Ces gens de l'église;
Bien veulent qu'on ait croyance,
  Quoi qu'elle vous dise.
Vous voyez leur malfaisance
  Jour et nuit surprise;
Puis jetez-en des clameurs,
Ils sont vos accusateurs.

(P. CARDINAL.)

CHAPITRE III.

Le Paon.

Le voici ! le voici ! Ces cris, suivis d'un murmure général de satisfaction, mirent subitement en émoi les convives qui remplissaient la vaste salle à manger du château de l'Ombrière. La réunion était nombreuse ; plus de cent chevaliers, trobadors, prélats ou dames, se pressaient autour de la table. Aux deux bouts, on remarquait, sur des chaires plus élevées, Aliénor entre Bertrand de Born et l'archevêque de Bordeaux, et la belle Eléna à côté du vicomte de Limoges. Elles portaient toutes les deux des robes blanches parsemées de fleurs rouges, s'ouvrant sur la poitrine et laissant voir une tunique verte, serrée par des ceintures d'or. Quarante ans avaient passé sur le front de la reine, mais bien qu'ils y eussent laissé l'empreinte de quelques soucis, cette beauté, qui avait enivré Saladin et fait trembler pour cause la jalousie de Louis-le-Jeune, brillait encore d'un éclat si remarquable, ses cheveux noirs s'arrondissaient avec tant de grace sous la couronne de pierreries, qu'en la comparant à sa fille tout éblouissante de sa jeunesse on se sentait pris d'hésitation. Les donzels magnifiquement vêtus se tenaient derrière leurs maîtres ; l'or, le velours, la soie chatoyaient de mille reflets sur le sein des barons et des dames, et lorsque toutes ces têtes, au cri qui se fit, se tournèrent spontanément vers la porte, coloriées par les teintes jaunes, bleues, vertes, purpurines, que le soleil fondait sur les vitraux, elles présentèrent un coup d'œil merveilleux.

C'était le paon.

Nous rappellerons très brièvement qu'à cette époque l'arrivée de l'oiseau du Phase annonçait, dans sa gracieuse allégorie, qu'un tournoi avait eu lieu ou qu'il allait s'ouvrir des jeux poétiques. Le droit de le découper revenant, dans les deux cas, soit au meilleur chevalier, soit au trobador le plus en renom, personne ne fut surpris de le voir placer devant Bertrand par l'ordre de la reine. La distribution adroite qu'en faisait le vicomte d'Autefort devint, selon la coutume, le signal des libations : les vieux vins de la Guyenne commencèrent à circuler parmi les hommes, et, malgré la courtoisie que les plus jeunes observaient pour les dames, il s'écoula un certain temps pendant lequel une foule de conversations particulières firent retentir la salle.

Cependant à travers le bruit on distinguait à

leur accent les nations diverses qui formaient alors l'empire britannique. Les esprits rudes, la traînante mélopée, les intonations tudesques désignaient les Anglo-Normands : les Poitevins se trahissaient par une légère altération de la langue d'Oc, dont quelques expressions avaient déjà pris chez eux la couleur française, tandis que le véritable roman coulait pur et harmonieux des lèvres des Aquitains du sud.

Mais ce tumulte s'apaisa bientôt à la voix d'Aliénor.

— Voici long-temps, dit-elle en se tournant avec une faveur marquée du côté de Bertrand de Born, voici bien des jours que nous n'étions venue dans notre Aquitaine chérie. Que s'y passe-t-il? Comment va la science gaie? Le poids de la couronne, qui a souvent courbé notre tête sur des pensées tristes, n'a pas effacé de notre cœur le souvenir de la patrie, ni de son doux ciel, ni de ses joyeuses fêtes ! Ce n'est pas d'ailleurs la fille des comtes de Poitiers qui peut oublier les trobadors. Quand je mirais dans les eaux du Clain mon front tout jeune encore, rien n'était plus doux à mon oreille que le chant des sirventes : depuis ces jours heureux, sur la terre étrangère, de l'autre côté de la mer, je l'ai entendu bien des fois dans mes rêves comme une musique du ciel. Tous les trobadors qui ornaient notre cour, ici et à Poitiers, sont encore présents à notre pensée, quoique la plupart manquent aujourd'hui à cette table. Voyons, Bertrand, quittez cet air rêveur qui sied mal pendant une journée de fête, et donnez-nous des nouvelles de ceux qui vivent.

Que fait Trémoleta le Catalan?

— Il est toujours très courtois, madame, répondit Bertrand, et continue à teindre ses cheveux qui s'obstinent à rester blancs.

— Et Peyrols l'Auvergnat?

— Peyrols porte toujours le même habit : depuis trente ans il n'en a changé; aussi le drap est sec comme sa peau, et d'aucuns disent que sa poésie ressemble au drap.

—Et Arnaut Daniel?

—Oh! celui-ci chasse le lièvre avec le bœuf et nage contre le courant, car il voudrait bien venir à merci près d'une haute dame de Gascogne qui n'est autre que la moitié de Guillem de Beauville; mais, ou elle fait comme nous, qui trouvons ses vers obscurs, et ne peut pas comprendre, ou elle pense avec le moine de Montaudon qu'ils ne valent pas un aguilen, et elle ne veut pas les entendre.

— Et Folquet de Marseille?

—Il vient de se jeter dans l'ordre de Citeaux, du grand deuil qu'il a eu par la mort d'Azalaïs, la femme de Béral, son seigneur. On l'a élu abbé du Thorondet, et il a juré sur l'autel qu'il n'avait jamais fait chansons.

—C'est se parjurer à bon escient : et Guillem de Saint-Didier?

—Le Castellan de Noaillac! il lui est arrivé, quand tombait la feuille du garric [1], une

---

[1] Garenne.

plaisante aventure. Il aimait une dame de grande valeur, du Roussillon, et elle ne voulait pas l'agréer pour cavalier ni lui faire aucun plaisir en droit d'amour. Enfin, fatiguée de ses poursuites, elle lui dit un jour : « Ecoutez, Guillem; si le vicomte, mon mari, ne me le commande et ne m'en prie, je ne vous prendrai ni pour mon cavalier, ni pour mon servant. » De cette réponse, Guillem fut d'abord triste et marri, mais à force d'y songer, voici le moyen qu'il trouva. Le vicomte se plaisait beaucoup à ses vers et les chantait volontiers; Guillem composa donc une chanson qui commençait ainsi :

> Dame, je suis un messager
> En vers, et vous saurez pour qui...

Il la montra ensuite au vicomte, et lui conta (sans lui nommer la personne, s'entend) pourquoi il l'avait faite. Le mari ne se tenait pas de joie en l'entendant; il s'empressa de l'apprendre, et courut la chanter à sa femme. Quand celle-ci l'ouït, ce qu'elle avait promis à Guillem lui revint en mémoire. « Vraiment, se dit-elle, je ne puis plus m'en défendre maintenant. » Et en effet, dès que Guillem se présenta, elle le reçut pour cavalier et pour servant, et leur amour alla bon train.

— Je n'en doute pas, car Guillem est bon cavalier d'armes, gentil discoureur, gentil courtisan, grandement instruit et qui fait honneur de sa personne. Mais parlez-moi un peu de Miravals de Carcassonne, celui qui donnait son château en fief à toutes les dames et qui n'y passait pas un mois de l'année, sert-il toujours de risée aux baronnes?

— Vous allez en juger, madame, par deux faits de lui, dont retentit toute la langue d'Oc, depuis Agen jusqu'à Bayonne. Il poursuivait d'amour dame Loba de Penautier, femme d'un cavalier riche et noble du Gabardan. Loba est, dit-on, richement dotée d'esprit, de grace et de courtoisie, ce qui attirait à son château tous les barons de la contrée, le comte de Foix, Olivier de Saissac, Pierre Roger de Mirepoix, Aimeri de Montréal et Pierre Vidal, lequel a fait d'elle maintes bonnes chansons. Raimond de Miravals la mettait aussi dans les siennes, et dame Loba, à qui en revenait un très grand honneur, le flattait des plus belles promesses. Mais c'était là tout, car le comte de Foix prenait en secret tout le reste. Malheureusement leur intrigue se découvrit, et pour la mauvaise réputation du comte, voilà la dame déchue tout d'un coup de prix et d'honneur, à tel point que ses amis mêmes la tenaient pour morte. Cette nouvelle faillit tuer Miravals. Mais que faire? Une idée divine lui surgit. Loin de se joindre à ceux qui l'accablaient, il se mit à défendre Loba au sujet du comte, et trouva pour elle un de ses meilleurs sirventes. Imaginez sa surprise et son allégresse en même temps, car Miravals était celui qu'elle craignait le plus. Elle le mande et le remercie en pleurant, et lui dit : « Miravals, » puisque vous ne m'avez pas abandonnée,

» malgré le blâme faux et mensonger que mes
» ennemis ont jeté sur moi, puisque vous me
» maintenez en loyale réputation, contre tous,
» je me dépars de tout autre amour, je vous
» donne mon cœur et ma personne pour en
» faire à votre désir, et me mets tout entière en
» votre pouvoir. » Miravals feignit de recevoir
avec ravissement le don de Loba, et la pria
à l'instant même de venir le soir en sa chambre,
à quoi la dame consentit. Mais elle n'y trouva
que son mari que le rancuneux chevalier avait
envoyé à sa place, et qui dut être bien réjoui
en se voyant comblé de caresses et s'entendant
appeler Miravals.

— La dame avait tort; toutefois le chevalier
a abusé de la vengeance, et ce trait mérite revanche, dit la reine avec un sourire.

— Elle est déjà prise, madame.

— Et qui se chargea de berner Miravals?

— Esmengarde de Castres.

— Nous serions curieuse de savoir les moyens
qu'elle a employés.

Bertrand s'inclina en signe d'obéissance, et reprit :

— Esmengarde est pleine de beauté, de savoir, de courtoisie, et sait très bien se gagner des amis. Elle avait en ce temps intelligence en Olivier de Saissac qui sollicitait sa main. Et cependant elle accueillit gracieusement Miravals, et se laissa élever par lui en prix et en renom. Puis, lorsque celui-ci demanda récompense, elle répondit qu'elle ne lui ferait jamais plaisir passager d'amour, mais qu'elle le prendrait pour mari (car l'attachement qu'il lui avait inspiré ne pourrait jamais venir à fin), s'il consentait à quitter Gaudarensa sa femme. Miravals fut enchanté de ces paroles; il courut au sien château, et déclara à sa femme qu'il ne voulait point de dame sachant *trouver*, qu'il y avait assez d'un trobador dans un alberc [1], et qu'elle n'avait qu'à retourner chez ses parents. Or, il existe un cavalier nommé Guillem

---

[1] Logis.

Bremon, dont la dame faisait ses danses, ce qui fut cause qu'elle écouta Miravals sans trop de colère. Voici donc qu'elle mande à ce Bremon de venir et qu'elle le prendra pour mari. Celui-ci réunit ses amis et arrive tout joyeux devant le castel. Il envoie prévenir Gaudarensa, qui annonce à Miravals que ses amis l'attendent et qu'elle veut les suivre. Miravals était enchanté, et la dame plus contente encore. Il la mena courtoisement dehors, et trouva là Bremon avec sa compagnie, à qui il fit le meilleur accueil; à ce moment, et avant de monter à cheval, Gaudarensa lui dit que, puisqu'il voulait l'abandonner, elle le sommait de la donner pour femme à Bremon. Il y consentit volontiers, céda tous ses droits, et Guillem, lui ayant mis l'anneau au doigt devant tous les cavaliers, emmena Gaudarensa.

Alors Miravals se rendit tout fier au château de Castres où il trouva de superbes apprêts de noces; nombre de barons et de dames se pressaient en habits de fête dans les salles; il les traversa d'un œil riant, et parvint enfin jusqu'à Esmengarde, qui revenait de la chapelle avec Olivier de Saissac. « Miravals, lui dit-elle, toute réflexion faite, j'ai pensé qu'un homme qui se défaisait aussi facilement de sa première femme ne saurait pas mieux garder la seconde, et j'ai donné la préférence à Olivier. Ne m'en veuillez pas, et une autre fois soyez plus constant. »

— Et que fit Miravals ?

—Il fut tellement étourdi qu'il en perdit et la gaîté, et le plaisir, et le soulas, et le trouver, et le chant. Voilà deux ans bientôt qu'il en est comme un insensé.

—Fort bien, dit la reine en mordant ses lèvres d'un air de bonne humeur, habitude qu'elle tenait du comte son père; vous raisonnez à merveille sur le fait d'autrui, mais en est-il de même quand on entame celui de Bertrand ?— Voyons, sire d'Autefort, parlons un peu de vous : et pour commencer par la matière la plus vieille, où en sont vos démêlés avec votre frère Constantin ?

— Le vicomte de Limoges vous dira cela mieux que moi, madame, répondit Bertrand de Born.

Celui-ci se récria aussitôt et prétendit n'avoir eu que l'intention de donner asile à Constantin chassé du château par son frère. Mais Bertrand ne se contenta pas de ses dénégations. — Votre générosité est connue, reprit-il sur un ton de sarcasme qui s'accordait mal avec la modération apparente de son langage; on sait bien que, lorsqu'il s'agit de maintenir le droit, il n'y a pas assez de lances et de dards dans l'arsenal du vicomte de Limoges : mais nous avons fait un accord, mon frère et moi, et notre noble voisin ignore sans doute qu'en prêtant appui à Constantin il l'excite à violer ce traité.

Adhémar protesta contre cette supposition dans les termes les plus énergiques, et finit par dire, en s'adressant à Bertrand lui-même, que toutes les fois qu'il attaquait un ennemi, c'était au grand jour et la visière haute.

— Eh bien, continua chaleureusement le fougueux Castellan, venez m'aissaillir ainsi, et je vous promets de vous recevoir la lance en arrêt et les portes ouvertes. Du reste, vous pouvez dire à Constantin, qui réclame ma terre et voudrait me réduire à vivre son humble vassal, qu'il s'en trouvera mal s'il ose disputer avec moi. Je crèverai les yeux à qui viendra me menacer; et jamais, quand ils seraient trois, quand ils seraient dix, ils ne m'enlèveront le prix d'une courroie. Je ne céderai rien de la seigneurie d'Autefort; elle m'appartient, et on me fera la guerre tant qu'on voudra. Je serais tenu pour un lâche si j'abandonnais à mon frère la part qu'il m'a cédée en me donnant sa foi; puisqu'il refuse mon amitié et tout accommodement, pourquoi me condamnerait-on de défendre mon droit contre lui?

— Le Seigneur maudit Caïn, répondit en face une voix sourde.

— Eh quoi! s'écria Bertrand, qui reconnut aussitôt l'évêque de Cahors, vous savez encore l'Ecriture; c'est étrange!

— Pourquoi le Castellan d'Autefort trouve-t-il cela étrange ?

— Parce que ce soin pieux s'accorde mal avec vos occupations ordinaires.

— Mes occupations sont de gémir sur la dépravation du siècle et de porter témoignage, comme le prophète Nathan, contre les usurpateurs qui s'emparent du champ des faibles.

— Bah ! s'il en était ainsi, quel temps vous resterait-il donc pour écrire au pape et au roi de France ?

— J'ai de la pitié pour les fous et du mépris pour les mendiants.

— Et pour les traîtres, sire évêque ?

Le prélat se leva pâle de colère et dit à la reine :

— Tous les jours, l'orgueil et l'hérésie des barons foulent aux pieds la croix. Quiconque porte un haubert se croit en droit d'insulter les ministres de Jésus-Christ. Voir massacrer nos vassaux, brûler nos cloîtres, dépouiller nos temples, est une chose commune en Aquitaine ;

nous sommes accoutumés, nous et nos clercs, à être jetés sans pitié aux moqueries subtiles des châteaux, comme les martyrs aux bêtes du cirque. Mais jusqu'ici, reine d'Angleterre, ce palais était pour nous un asile sacré, et nul n'eût osé choisir votre table pour violer en notre personne la trève de Dieu !

—Vous l'avez rompue le premier, dit froidement Aliénor; j'ai souffert l'attaque, je dois permettre la défense.

— Barons, s'écria hardiment l'évêque en se tournant vers les Aquitains, aucun de vous ne veut-il prendre en main la cause de l'église?

— Il n'y a ici ni partisans des fleurs de lis, ni vassaux du pape, répondit le comte d'Armagnac avec un geste de dédain.

—Il n'y a que des hérétiques dignes de l'enfer ! Mais nous saurons, continua l'impétueux Hector, si Dieu ne peut plus trouver de vengeurs, et s'il faut qu'il soit insulté et crucifié aujourd'hui impunément dans ses ministres par les païens de ce siècle ! Nobles Anglais, j'en appelle à vous, et pour prouver qu'on m'accuse calomnieusement d'intelligences avec les Français, pour vous convaincre de ma fidélité à notre prince et de mon attachement à votre nation, je commence par vous avertir du péril qui vous menace; la révolte est sous vos pas, on complote ici votre mort.

Ces paroles excitèrent un effroyable tumulte et du côté des Aquitains et du côté des Anglais, et il se passa quelque temps avant que l'évêque interpellé vivement par tous pût réussir à jeter à mots rompus ce complément d'accusation :

— Vos ennemis ne se cachent plus.... hier le sang anglais a coulé....

— Qui l'a répandu? nommez-le, lui cria-t-on de toutes parts.

Il montra Bertrand de Born.

Alors le tumulte fut porté à son comble et les poignards allaient sans doute briller dans la salle lorsque la reine se leva.

Elle paraissait très émue : ses deux mains étaient croisées sur son sein qui battait violemment, comme si elle eût voulu y comprimer son indignation. Deux ou trois fois elle avait remué vainement les lèvres; l'audace de l'évêque qui se disposait à continuer lui rendit enfin la parole.

— Silence ! dit-elle en lançant sur lui des regards foudroyants. Nous sommes chrétienne, nous adorons Dieu et ses saints, mais nous sommes reine aussi et nous savons garder nos droits. Vous venez de commettre un acte de rébellion à notre table, devant nous, prélat ! Pas un mot de plus, car Aliénor est dans le château de ses pères, et à la colère qui bout en mes veines, je sens que je suis leur fille et que la plus haute de ces fenêtres serait trop basse pour votre insolence !

—Vive l'Aquitaine ! s'écrièrent avec enthousiasme tous les barons du Sud.

—Et que l'évêque de Cahors ne l'oublie pas, ajouta d'une voix menaçante le comte d'Armagnac, les loyaux serviteurs du roi sont ceux qui ont fait jaillir le sang d'un traître dans l'église de Canterbury.

Cependant les Anglo-Normands s'étant rapidement consultés entre eux à voix basse, Gilbert, évêque de Londres, l'homme le plus adroit à jeter dans l'encensoir qu'il faisait fumer devant les princes les graines d'amertume qui tombaient de temps à autre de l'arbre féodal, se rendit leur organe auprès d'Aliénor.

—Madame, dit-il respectueusement, l'amour si naturel du pays natal n'a pu faire oublier à votre majesté que vous êtes reine d'Angleterre. Nous sommes vos sujets fidèles et dévoués autant que ces nobles barons. Nos cœurs, nos biens et nos vies vous appartiennent. Mais le respectable évêque de Cahors, dont je suis pour mon compte très éloigné d'approuver l'emportement, vient de parler de complots, de meurtre, et la terre que nous foulons est trop mouvante sous les pieds de nos chevaux pour que vous ne désiriez pas savoir la vérité.

—Qu'il parle donc, répondit dédaigneusement

Aliénor, mais malheur à lui si son discours est mensonger !

—Avec la permission de notre gracieuse souveraine, je parlerai le premier, dit Bertrand d'un ton ferme : chacun devant ses pairs. Barons, écoutez-moi !

Hier, au lever du soleil, je passais dans la plaine de Fronsac avec mon escudier et mon jongleur. J'aperçus une bande de Brabançons qui menaient des prisonniers. Ils s'arrêtèrent à l'ostal du village ; je m'y arrêtai aussi, et là, je l'avoue hautement, je fis ce que vous auriez tous fait, c'est à dire, que, témoin de l'insolence du chef de ces routiers, je l'abaissai à coups de gantelet et que je brisai la chaîne des vassaux. Donc il n'y a eu complot que contre le marchand d'esclaves, et il n'y a pas eu meurtre, et le sang anglais n'a pas coulé. Car celui que j'ai frappé n'est pas Anglais, il n'est pas même Brabançon. C'est un misérable qui venait là caché sous le jaque des mercenaires pour voler le collecteur des tailles du Quercy, le bailli de la couronne, qu'on attendait hier à Fronsac et dont un ordre transmis par moi avait changé l'itinéraire. Celui que j'ai frappé est un soudoyeur des Algaïs, et je n'ai pu le tuer encore ! la capeline qui défend la tête de ces bandits était meilleure que mon gantelet ; je l'ai bien abattu, je l'ai bien étourdi, mais je sais qu'il s'est relevé plus audacieux, plus insolent qu'avant sa chute.

— Aucun de nous, observa avec précaution Gilbert, car il remarquait l'impression favorable produite sur les assistants par cette explication pleine de franchise, aucun de nous ne doute de la loyauté du vicomte d'Autefort, mais, selon toutes les lois civiles ou ecclésiastiques, l'usage veut qu'entre celui qui accuse et celui qui se défend les preuves prononcent. Or, légalement parlant, sire de Born, qui nous garantira la vérité de votre récit ?

— Ma parole pour la reine, et pour ces barons et pour vous, sire prêtre, l'évêque de Cahors !

— Qu'entendez-vous dire ?

— Que c'est lui qui oubliait hier le septième commandement.

Tous les regards se portèrent sur Hector, immobile, attéré à sa place.

— Qu'il écarte, ajouta Bertrand d'une voix railleuse, ces cheveux ramenés si habilement sur la tempe gauche, et vous mesurerez la contusion avec mon gantelet.

A cette proposition, les applaudissements et les rires ébranlèrent les vitraux de la salle, et la reine s'étant levée, il résulta de l'empressement que tout le monde mettait à l'imiter un moment de tumulte dont l'évêque profita pour s'échapper. Quelques barons se disposaient bien à le suivre ; mais Aliénor, dont la dignité ne se laissait jamais entraîner jusqu'à la passion, les arrêta, en disant :

—Il est assez puni par sa honte : allons tenir le plaid !

COUR D'AMOUR.

Per sola leys cui homs so
Dei aver franc cor e bo,
Per totas domnas honrar...

Homme, le premier devoir,
Cœur bon et franc c'est d'avoir.
Afin d'honorer les dames...

(BERNARD DE LAFON.)

CHAPITRE IV.

Cour d'Amour.

C'était l'époque de ces singuliers tribunaux connus sous le nom de *cours d'amour*, parce qu'ils ne s'occupaient effectivement que des questions que l'amour soulève. Institution élevée et utile, dont nous ne pouvons apprécier aujourd'hui le but qu'en nous reportant au point de vue du siècle. Tout l'édifice social reposait sur une seule base, l'honneur; toute la nation (sauf la bourgeoisie, masse inerte et sans influence, roulant du côté où penchait le sort) était fractionnée en trois grandes individualités, le vassal, le baron et le roi, que rattachait l'un à l'autre un seul lien moral, le serment. On conçoit donc que, pour ne pas laisser se relâcher ce lien et pour maintenir intact le piédestal de la société, il fallait veiller avec soin à ce que les idées de devoir et d'honneur ne subissent aucune détérioration. Partant de ce principe, les fondateurs de l'état féodal au midi de la Loire arrangèrent les mœurs publiques de manière à ce qu'elles ne tendissent qu'au développement et au perfectionnement progressif des sentiments les plus nobles de l'ame. Ils avaient compris que le doux penchant qui entraîne irrésistiblement l'homme vers la femme pouvait être, en ce sens, un moyen puissant de succès; ils l'employèrent. L'amour devint le mobile des plus belles actions en même temps qu'il en était la plus précieuse récompense. Au Nord, les femmes disparaissaient derrière l'orgueilleux dédain et la rudesse encore sauvage des Francs; elles étaient esclaves au Midi chez les Arabes; en Aquitaine elles furent reines. On les plaça aussi haut qu'on put, on entoura leur gracieuse couronne d'un respect profond, d'un dévouement absolu, parce qu'on sentit bien que plus elles seraient honorées, plus leur influence aurait de force. Rien, d'ailleurs, ne ressemblait moins à ce qui porte maintenant ce nom que l'amour tel que le concevaient nos pères il y a six cents ans. C'était une intime union de deux ames où il entrait pour le moins autant de pureté, de vérité, de foi naïve que d'épanchement et d'enthousiasme. Ce peuple si vif, si impressionnable, cherchait le bonheur où Dieu l'a caché, dans le cœur de la femme, et nul sacrifice ne lui coûtait pour s'en rendre digne. Mais comme ce bonheur, afin d'être complet, a besoin d'émaner d'une volonté libre, aucune entrave n'était imposée aux femmes. Le mariage même à cet égard ne les gênait pas, car il existait entre les maris une sorte de convention générale (qui prouve mieux que nous ne saurions le faire assurément combien ces idées s'étaient incorporées aux mœurs) en vertu de laquelle ils se fermaient mutuellement les yeux. Ainsi, quelle que fût sa condition sociale, si une femme venait à aimer sincèrement, elle le pouvait sans crime, et le don de *sa gentille personne*, pour me servir de l'expression du temps, suivait le don de son cœur, sans que sa réputation en fût effleurée. Il est vrai d'avouer que cela n'arrivait guère qu'une fois et qu'on n'avait pas encore poussé l'amour de la propriété jusqu'à dire à la jeune fille : Quelque changement qui s'opère en toi, quelque développement que prennent tes facultés, quelque consomption qui te sèche le cœur, quelque soif inextinguible de bonheur qui te dévore plus tard, un mot t'a livrée à moi pour la vie, tu m'appartiens comme l'esclave au maître, comme celui qui fait le pacte au diable, cet autre épouvantail des enfants?

Heureusement on avait rendu impossible un pareil état de choses en établissant les femmes guides de l'opinion dans cette matière. Seules, en effet, elles siégeaient aux cours d'amour et jugeaient souverainement ces mille et une questions subtiles dont elles sont tous les jours la cause. Et qu'on ne pense pas que leurs arrêts fussent dénués d'importance ; ils touchaient de trop près aux intérêts moraux de la vie privée et influaient trop puissamment sur la direction, même politique, des esprits, pour ne pas emprunter quelquefois des circonstances une haute signification.

Tel était le cas le jour dont nous parlons.

Aux regards inquiets que les Anglo-Normands échangeaient entre eux dans le Verjan où était réunie la cour d'amour de Gascogne, on voyait clairement qu'une solution grave allait être résolue. Aliénor le sentait aussi, car des ombres de tristesse couvraient son front, et quelque temps elle le tint baissé, livrée, en apparence du moins, à une hésitation intérieure ou peut-être à un douloureux souvenir.

Ailleurs erraient les pensées des jeunes barons, et l'on doit convenir que la rotonde aux pilastres de marbre rose, avec ses soixante dames étagées sur trois rangs, et son double cercle de manteaux armoriés et de toques à plumes, étincelantes des reflets d'or et de feu du soleil couchant, présentait un tableau assez plein d'intérêt pour captiver leur attention.

Tout à coup la reine sortit de sa rêverie et demanda à la belle comtesse de Gordon qui se tenait debout devant son trône quelle était la question à juger :

— Celle de savoir, madame, *si l'amour peut exister entre deux époux*, répondit-elle en s'inclinant avec grace.

— Qu'a dit la cour de Romani?

— Elle a dit non!

— Combien s'assemble-t-il de dames dans ce château ?

— Douze, et Phanète de Gantelmes la présidente.

— Et les cours d'Avignon, de Signe, de Pierrefeu?

— Toutes, à l'exception de la dernière où il y a eu partage, se sont prononcées pour la négative. On a porté le débat devant la comtesse de Champagne qui a décidé comme Phanète de Gantelmes, et maintenant nous vous soumettons sa sentence en dernier ressort.

La reine réfléchit un instant, jeta un coup d'œil scrutateur sur les Anglo-Normands qui se regardaient de nouveau avec anxiété, et dit d'un ton calme :

— Nous confirmons l'arrêt de la comtesse de Champagne : Non, l'amour ne peut exister entre deux époux, car ils donnent et reçoivent comme un droit ce que les amants se prodiguent mutuellement sans obligation.

Ce jugement, rapproché des querelles connues qui divisaient alors la famille royale d'Angleterre, émut tout le monde, à l'exception du vicomte de Limoges. Adhémar avait perdu de vue Bertrand de Born, et ne retrouvait plus depuis quelques minutes Eléna à sa place. Une de ces idées instinctives que fait jaillir la jalousie lui traversa subitement le cerveau. Laissant Hugues de Saint-Cyr entamer un tenson avec le dauphin d'Auvergne, il s'enfonça dans les allées du jardin. Le crépuscule les avait déjà rendues si obscures qu'à peine était-il possible de distinguer le sentier. Le vicomte aperçut cependant une ombre qui semblait l'attendre. Il doubla le pas, et une main saisit la sienne; puis une voix, qu'il reconnut aussitôt pour celle de l'évêque de Cahors, lui dit tout bas: « Je sais qui vous cherchez, suivez-moi. » Ils n'allèrent pas loin. Sur le même banc où le matin il s'était assis, Hector lui montra deux personnes : le cœur du vicomte se serra de froid à la vue de la robe de velours blanc, et un nuage passa sur ses yeux quand il les porta sur le cavalier, car bien que cette vieille prude de décence n'eût pu crier trop fort, il en voyait assez pour ne plus conserver de doutes.

— Eh bien ? lui souffla Hector.

— Je suis à vous, sire prêtre, j'adopte tous vos plans, j'entre dans tous vos complots; mais il faut écraser cet homme !

Pour toute réponse, l'évêque lui serra la main avec énergie.

ALIÉNOR.

— Devinez ce qu'ils faisaient, une belle nuit de printemps.
— Une promenade?
— Non.
— L'amour?
— Vous n'y êtes pas.
— Quoi donc?
— Ils faisaient un complot.

(*B. et Blanc.*)

CHAPITRE V.

Aliénor.

Voyez-vous cette clarté qui tremble derrière les vitraux de la tour ? C'est là, disait Gilbert à ses compatriotes, que la reine conspire avec Bertrand de Born la guerre civile et la ruine de notre patrie. Il est temps d'avertir Henri, il est temps de tourner la voile de nos vaisseaux vers l'Angleterre, et Dieu veuille qu'il ne soit pas trop tard quand nous découvrirons l'église de Sainte-Marie !

L'évêque de Londres avait raison.

Aliénor, seule dans sa chambre avec le Trobador, et ayant déposé en même temps que sa couronne la contrainte qu'en public lui imposait le rang, épanchait librement son ame. Ce n'était plus la reine, mais la femme blessée au cœur dans ses affections intimes, mais la fille des comtes de Poitiers révoltée par l'ingratitude, ulcérée par les outrages. Griefs du présent, haines et regrets du passé, craintes et projets de vengeance pour l'avenir, tout éclatait et brûlait à la fois dans ses paroles comme les flammes dans l'incendie.

— Oui, disait-elle en fixant sur Bertrand de Born ses *yeux clairs et verts*, humides d'émotion, oui, voilà quel sort fut réservé à ma jeunesse ! le testament de mon père me jeta à quinze ans sous la tutelle de Louis-le-Gros. Pendant que je m'abandonnais aux douces espérances et que je voyais la vie se lever devant moi riante et coloriée comme l'aube entre les saules de la Garonne, on me formait un époux dans le cloître de Notre-Dame. Souvent, bien souvent, dans ces rêves qu'on fait entre l'enfance et la jeunesse, qu'on fait en cueillant les violettes dans le Verjan, ou le matin en déployant au miroir sa riche chevelure, ou le soir avant le sommeil, celui auquel j'aurais voulu donner la couronne de duc, l'épée de comte, était passé devant mon imagination. Il avait le front large et fier, de noires prunelles, des cheveux doux et sombres comme le velours : une forte ceinture serrait sa taille élancée, à son côté brillait le poignard, à ses pieds les éperons d'or. Aussi, quand le vieux Suger m'amena son royal disciple et que je levai les yeux, le cœur me battait; mais comme il se resserra douloureusement, Bertrand, à la vue de ce prince chétif, rasé et tondu comme un moine !

Alors je contemplai l'avenir avec épouvante, alors une protestation puissante, énergique, continuelle, contre la volonté de mon père qui m'avait léguée à cet homme, souleva mon ame et finit par se changer en dédain, en haine, en désespoir. Que de jours d'amertume au milieu de cette cour triste et barbare ! Que de nuits passées dans les pleurs ! Oh ! mon Dieu, comme je regrettais avec angoisse le ciel radieux et pur de Bordeaux, mes Trobadors courtois du midi et ces arbres moussus de l'Ombrière qui voilent la vieille demeure de mes pères ! Je me résignai cependant. Courbée dix ans sous cette vie comme sous le cilice, je m'apprêtais à la traîner jusqu'au tombeau, quoique j'en fusse meurtrie à chaque pas. Le ciel eut sans doute pitié de moi, mais pourquoi ne pouvais-je échapper au malheur qu'au prix de la honte ? Louis-le-Jeune m'en accabla : toute celle qu'on peut amasser dans les accusations fausses et la calomnie boueuse de ce monde, il la prit pour me la jeter au front. Car voyez-vous, Bertrand, son regard hypocrite avait plongé dans mon cœur ; et comme ce corps débile et contrefait cachait la férocité de l'hyène, il s'était dit qu'il me perdrait aussi impitoyablement que ces treize cents malheureux brûlés par ses ordres dans l'église de Vitry.

Tenez, regardez bien cela !.

Bertrand s'approcha et lut sur la chaire sculptée où la reine était assise ces trois mots qu'elle lui montrait de la main :

18 mars 1152.

Une expression indéfinissable d'indignation et de colère brilla dans ses yeux, puis un sentiment pénible parut l'affecter en écoutant Aliénor qui penchant tristement la tête continuait ainsi :

— Il y a vingt-un ans ! Tous les prélats de France étaient réunis à Beaugency ; tous agitaient devant le roi la question du divorce. Les uns disaient que j'étais une femme sans mœurs, les autres m'appelaient étrangère ; mon époux lui-même, enchérissant sur tous, ne rougissait pas, à la face de ses barons, à la face de l'Europe, de se proclamer déshonoré par un Arabe. Et moi, pendant les honteux débats de ce concile, faible comme une femme qu'on insulte et qu'on navre, seule comme une reine sacrifiée, j'attendais.... Tout à coup la porte de ma chambre s'ouvre lentement, et l'archevêque de Langres paraît. J'étais assise sur cette même chaire. Madame, me dit-il, d'après l'avis de ses évêques le roi vous répudie pour cause de parenté. Aliénor d'Aquitaine, vous n'êtes plus la femme de Louis de France ! A cet arrêt, je me levai et tressaillis; mais lorsqu'il ajouta : Toutes les provinces que vous lui aviez apportées en dot vous sont rendues, je me sentis folle de joie. C'est que dans ces mots je touchais la vengeance ! C'est que cet homme qui, après avoir flétri les dix plus belles années de ma vie, se croyait le pouvoir d'entacher mon honneur et le droit de me rejeter, comme une prostituée, de sa couche, du haut de son orgueilleuse sentence était retombé à mes pieds !

Aussi ce ne fut ni par le mépris ni par la plainte que je répondis à l'archevêque de Langres, mais par cette date que je me contentai de graver sur la chaire avec l'aiguille de ma tapisserie.

Et je me souvins de la lire!

— Et vous ne manquâtes pas de gens disposés à la lire avec vous!

— Non, Bertrand, toute dédaignée, toute divorcée que j'étais, les plus braves et les plus nobles se disputaient ma main. A Blois où je m'arrêtai quelques jours, le comte Thibaut voulut m'épouser de force. Je m'enfuis pendant la nuit et fus obligée d'éviter à grande hâte le port de Piles, car le second fils du comte d'Anjou s'y tenait en embuscade avec cent chevaliers pour m'enlever au passage.

— C'est peu après que son frère devint votre mari.

— A la Pentecôte. Henri n'avait que dix-huit ans, il était plein de bravoure et d'ambition, on le nommait déjà tout haut le rival de Louis-le-Jeune, je vis en lui un formidable instrument de vengeance et je l'acceptai.

— Ce fut, dit Bertrand d'un air rêveur, un

heureux jour pour la maison d'Anjou : d'autres vous auraient aussi bien vengée, mais jamais, sans vous, le genet n'aurait fleuri sur le trône d'Angleterre.

— Oui, je le fis puissant et fort, je l'élevai au-dessus de la fortune qu'il pouvait atteindre : mais Dieu m'est témoin que si des motifs de haine et de colère avaient dicté mon choix, des sentiments bien différents le confirmèrent. Le cœur ne peut pas toujours se nourrir de fiel, et le mien, qui n'avait encore été dilaté par aucune affection tendre, s'ouvrit à l'amour que me montrait ce jeune homme, comme un bouton d'aubépine au soleil.

Je lui vouai l'attachement le plus fidèle, le plus vrai qui ait jamais fait battre le sein d'une femme : je le rendis père de la plus belle famille qui eût entouré jusqu'ici la table d'un roi. Vingt ans je m'étudiai à prévenir, à combler ses vœux ; vingt ans ses pensées ont été mes pensées, ses joies sont devenues mes joies, vingt ans j'ai pris part à toutes ses peines. Et maintenant, parce que ma beauté s'est fanée sous ses lèvres, que l'âge a dégarni ces tempes, que mes filles ont hérité du coloris de mes joues, de la vivacité de mes prunelles et de cette taille svelte et gracieuse qu'il aimait tant, il me dédaigne, il m'abandonne !

Ici, l'émotion étouffant sa voix, elle se tut et cacha son visage dans ses mains : Bertrand de Born, qui voyait couler de grosses larmes à travers ses doigts effilés, essaya vainement de lui donner quelques consolations, il n'est point de baume assez doux pour cette blessure.

— Voyez-vous, Bertrand, reprit-elle, d'une voix toujours plus altérée, j'ai vieilli, et les hommes ont horreur de la vieillesse. A mesure que ce triste fantôme nous approche ils s'éloignent; et ne s'apercevant jamais que le temps les change comme nous, ils croient échapper en fuyant à sa dévastation. Oh ! non, rien ne dit plus éloquemment que cet abandon lâche combien il y a d'égoïsme et d'ingratitude dans le cœur de l'homme ! Tant que jeunesse et beauté parent une femme, il l'aime et veut qu'elle ne soit belle et jeune que pour lui : vienne une ride, un cheveu blanc, toute cette vie de bonheur est oubliée; les années de dévouement et de tendresse, les années d'amour et de plaisir, les jours qui ont si délicieusement remué l'ame se fondent dans son souvenir comme les neiges d'hiver dans la campagne.

Alors, sans demander si l'amour qu'il inspira vit encore, et s'il ne fera pas saigner cette femme au cœur en la délaissant, il court auprès d'une autre : ou, sans que la rougeur monte à son front chauve, il séduit quelque jeune fille.

— Ainsi, dit Bertrand de Born, il est vrai le bruit qui a couru en Aquitaine?

— Il est vrai : mon premier époux me chassa parce que je ne l'aimais pas; le second me fuit parce que je l'ai trop aimé. Henri m'a donné une rivale, il aime Rosamonde Clifford : il porte à ses pieds tous les hommages dus à moi seule de par mon rang et l'église !

— Eh bien ! madame, que le tocsin sonne,

que son battant sonne haut et fort, et tous vos Aquitains sauteront en selle pour vous venger : car ou je me tromperais bien, ou vous n'avez pas désappris la devise de nos pennons : Ecraser qui m'offense !

— Il m'aurait fallu pour l'oublier un sort meilleur et des soleils moins sombres; mais le pouvais-je ? — déchirée la nuit et le jour, à chaque pas, à chaque instant, par cette cruelle et sourde jalousie qui tord le cœur, brûle et glace tour à tour les entrailles, monte au cerveau comme une fièvre, une ivresse, une démence !
— Et savez-vous, Bertrand, vous qui parlez de me venger, savez-vous le rêve de toutes mes heures? savez-vous ce que je veux faire? — Je veux arracher la couronne du front de cet Angevin et la donner au jeune Henri, mon fils : Richard aura la Normandie et la Guyenne, Geoffroi l'Anjou et la Bretagne; vous Elena et tout le haut pays de la Dordogne au Tarn.

Quant au Plantagenet, les moines qui l'ont flagellé naguère à Canterbury sur la tombe de Becket l'hypocrite lui donneront place en leurs cellules, et je me charge, moi, de faire justice de sa maîtresse. Il a beau lui avoir bâti à Woodstok-Park un labyrinthe inextricable, malheur à elle si je la trouve à la loge !

— Oui, madame, s'écria Bertrand avec enthousiasme, il faut affranchir l'Aquitaine attachée au joug étranger comme une vierge au lit d'un vieillard; il faut opposer une double barrière de fer à l'ambition du roi de France et aux empiétements dangereux de l'Eglise. Depuis long-temps Rome et Paris se montrent nos belles contrées; depuis long-temps les foudres du Vatican grondent sur la tête du comte de Toulouse. Prenez garde que les fleurs de lis ne nous arrivent au bout de la croix !

L'entretien se continua ensuite sur un ton plus calme : il fut convenu, après maintes discussions et maints éclaircissements sur l'état du pays, qu'Aliénor reviendrait en Angleterre où l'attendait un parti nombreux, s'emparerait, à l'aide des Aquitains et des barons mécontents, de la personne du roi, et ferait proclamer son fils, Henri au Court-Mantel. De son côté Bertrand s'engagea à faire déplier toutes les bannières, de Bordeaux à Bayonne, avant la Saint-Jean, et il reçut la promesse formelle de la main d'Eléna qui devait avoir en dot le Périgord, le Limousin et le Quercy, dès que le succès aurait couronné les plans de la reine.

Toutes ces conventions avec les instructions secrètes qu'elle avait à donner à son gendre futur exigèrent du temps, et la lumière ne disparut des vitraux de la tour que lorsque l'homme de garde au beffroi eut frappé deux coups de son jaquemart pour annoncer deux heures : alors Gilbert emmena ses compatriotes sur le rempart de l'Est et leur dit en montrant deux cavaliers de haute stature qui sortaient avec précaution par une poterne : « Voyez-vous ces hommes d'armes dont les chevaux avancent si doucement sur le pont-levis ? Le premier est le vicomte de Limoges, et l'autre le prélat Hector : la jalousie pousse Adhémar, l'affront qui a courbé sa tête enflamme l'évêque, ils se sont ligués à coup sûr contre Bertrand de Born, et tandis que les rêves de l'ambition vont gonfler mollement son chevet, eux voleront couper des brandons pour brûler Autefort. Les voilà qui mettent déjà leurs chevaux au galop ; avant trois jours l'audacieux seinhor aura fort à faire ! »

L'évêque de Londres avait raison.

Mais dites-moi pourquoi les machinations des méchants réussissent toujours en ce monde ; et pourquoi Dieu, qui, à tout prendre, devrait préférer les bons, ne leur donne pas de temps en temps quelques petits coups d'épaule? — Cela n'a jamais paru clair à personne, pas plus aujourd'hui qu'il y a six cent quarante-quatre ans, à moins de supposer comme alors que deux principes égaux en pouvoir, celui du bien et celui du mal, s'amusent à jouer nos pauvres destinées, et que le dernier, qui a nécessairement des dés pipés, triche et gagne plus souvent.

Quoi qu'il en soit sur le plus ou moins de vérité que renferme cette explication cabalistique, une semaine s'était écoulée depuis la prédiction de Gilbert, la reine était partie pour l'Angleterre, et Bertrand organisait l'insurrection en Saintonge avec le vicomte de Thouars, lorsque, dans la matinée du huitième jour, il arriva un soudadier du Périgord chargé de nouvelles qu'il ne voulait communiquer qu'à lui seul. Il faut croire que l'apparition de ce personnage sembla chose grave à Papiol, car, sans même l'interroger, il le conduisit auprès de son maître.

MAUVAISE NOUVELLE.

Sercat ai de Monpeslier
Tro lai en la mar salada,
Que no y truep baron entier
Qu'aya proeza acabada,
Qu'el mieg luoc non sia oscada.

J'ai cherché de Montpellier
En vain jusqu'en mer salée,
Un baron d'honneur entier
Et de prouesse achevée,
Qui ne fût pas ébréchée.....

(BERTRAND DE BORN.)

CHAPITRE VI.

Mauvaise Nouvelle.

Bertrand de Born allait partir pour la chasse avec le vicomte de Thouars : les cors roulaient déjà leurs mâles fanfares ; l'air retentissait d'aboiements ; les chevaux, piaffant d'impatience, faisaient jaillir le sable sur la tête des donzels qui attendaient, les faucons au poing, au moment où cet homme entra dans le préau.

Sa vue ne produisit pas, à beaucoup près, sur le baron le même effet que sur le jongleur et tandis que ce messager, ôtant respectueusement pour lui parler sa bourguignote d'acier poli, découvrait une tête à moitié grise, il lui dit d'un ton insouciant.

— Eh bien ! maître Tuex, quelles nouvelles?

— Des nouvelles à faire pleurer les vieilles femmes jusqu'à Pâques, mais qui vous feront bondir comme une pierre de baliste, monseigneur.

— Qu'est-ce donc?

— Autefort est pris.

— Autefort est pris!

— Oui, monseigneur, pris sans gloire et perdu sans honte.

— Ce sera difficile à prouver.

— Pas plus, répondit hardiment le vieillard en jetant un coup d'œil d'assurance sur les donzels et les fauconniers qui se reculaient pour n'en pas entendre davantage, pas plus difficile que de lâcher la main des catapultes, ce qu'un enfant peut faire sans effort. Le vicomte de Limoges s'est présenté à la porte du caslar[1] avec six hommes d'armes portant, disait-il, des ordres de votre part à l'escudier que vous nous aviez renvoyé. L'hospitalité lui a été offerte pour la nuit, il l'a acceptée, a mangé votre pain, bu dans votre écuelle et profité ensuite de notre confiance pour baisser le pont aux Algaïs. Sans ce bœuf de Cornils...

— Silence, maître Tuex ! n'accusons pas qui ne peut se défendre.

— Tant mieux ! j'allais en dire du bien. Il faut pourtant que vous sachiez que, sans lui, nos corps pourriraient maintenant dans le ravin, et que si vos hommes campent en face d'Autefort, si le gonfanon blanc flotte au milieu d'eux, et si moi, Thomas Tuex, je viens vous annoncer ces choses, c'est à lui que vous le devez !

— Brave Cornils ! Et le château, qu'en ont-ils fait ?

[1] Château.

— Ils l'ont donné à votre frère Constantin.

Un quart d'heure après cette réponse, Bertrand était sur la route du Périgord, et Papiol disait au nouveau venu qui occupait à sa droite la place de l'escudier :

— Rien qu'à votre air de jubilation et à cette moue gracieuse qui allonge les lèvres de l'abbé de notre moustier lorsqu'il déguste ses vieux vins, je parierais mes deux couteaux d'argent que nous allons chercher des coups à Autefort?

— Vraiment, beau papillon, vous risqueriez vos deux joujoux ?

— Et avec la certitude de gagner, reprit le jongleur; car, voyez-vous, maître Tuex, soit dit sans vous fâcher, vous êtes cousin germain du corbeau : toutes les fois que vous levez le nez au vent, on peut être sûr que c'est pour flairer le carnage.

Celui-ci, médiocrement flatté sans doute de la comparaison, essaya d'abord de détacher une houssine de coudrier, mais arrêté dans son projet par le trot saccadé de son cheval et forcé d'en remettre l'exécution, il répondit non sans un léger accent d'humeur :

— Papiol, mon ami, je te conseille de veiller avec plus de soin sur ta langue intempérante si tu veux arriver sans encombre.

— Allons! n'allez-vous point vous cabrer devant une pauvre plaisanterie, comme l'Alférant[1] de notre seigneur devant ces charrettes ?

— Laissez donc, un mot de gaîté est toujours permis quand il tombe entre gens qui s'asseyent à la même table; et au lieu de tenir vos yeux cloués sans cesse sur ces branches, comme si vous aviez l'envie d'en déchirer quelqu'une pour vos engins, causons en compagnons paisibles. Avez-vous préparé beaucoup de cairels[2] depuis notre départ?

— Assez pour briser mille têtes aussi légères que la tienne!

— Fort bien! nous voilà quittes : avouez un

[1] Surnom du cheval.
[2] Pierres de jet.

peu maintenant, ami Tuex, que vous êtes né sous une heureuse étoile.

— A propos de quoi, s'il vous plaît, beau jongleur?

— A propos du hasard qui vous a donné à mon maître. Car vous êtes un ingénieur habile; mais quoique la force soit la seule loi de ce siècle et que celui qui la possède ne se fasse aucun scrupule de la tourner contre les faibles, je doute qu'il existe au monde un caslar où vous eussiez pu exercer vos talents mieux qu'à Autefort.

—On n'y manque pas d'occupation, mais c'était bien une autre fête à la croisade! Il est vrai de dire qu'on nous payait en monnaie d'honneur le surcroît du danger, et que le maître ingénieur ne marchait pas comme aujourd'hui avec les bouffons et les bagages.

—C'est un art si beau! une profession si utile!

—Pour la seconde fois, Papiol, je t'avertis; châtie tes paroles ou je châtierai ta peau.

— Vous pécheriez d'autant plus en ce moment que mon admiration est sincère. Non, par saint Léonard, je ne connais pas de vie plus agréable que la vôtre! Aujourd'hui vous imaginez une nouvelle machine; six mois, vous noyez votre front de sueurs pour la dresser selon votre plan; puis, quand elle est prête et roulée sur la plateforme, que les bras de vos hommes se sont raidis à la bander, il en part des pierres de sept ou huit quintaux, qui vont à six cents pas broyer à grand bruit barons sous leurs casques, vassaux sous leurs targes, chevaux sous leurs bardes d'acier! Et tout cela est votre ouvrage, et en collant les yeux à la meurtrière, vous pouvez contempler ces corps fracassés, ces places rouges de sang, ces capelines de mailles écrasées avec la cervelle, et sourire d'orgueil, maître! N'est-ce pas un doux passe-temps? un digne emploi des jours que Dieu nous a comptés? Et l'existence dure-t-elle assez, en ce monde, pour savourer ces plaisirs à son aise? Heureusement qu'ainsi que les pendus qui n'ont qu'à faire un mouvement pour voir la potence en levant les yeux nous en jouissons; et comme dit celui qui marche devant nous:

> Puisque la guerre enflamme nos barons,
> Nous allons voir camps jonchés de quartiers
> D'écus, de dards, de heaumes et d'arçons,
> De troncs sanglants et fendus tout entiers ;
> Puis au galop nous verrons destriers,
> Luire par monts et par vaux mainte lance,
> Et joie et pleurs, deuil et belle espérance;
> Gloire aux perdants, deux fois gloire aux premiers !

> Trompes, tambours, et bannière et pennon,
> Et banderole et blancs et noirs coursiers,
> Nous allons voir, quand le temps sera bon,
> Qu'on saisira l'argent des usuriers !
> Et par chemins n'iront plus les sommiers,
> Ni les bourgeois si pleins de confiance,
> Ni les marchands qui cheminent vers France ;
> Riche sera qui prendra volontiers [1] !

Telles furent, si l'on en excepte les heures de

---

[1] Un sirventes vueilhe far...

halte à l'albergaria, espèce de trève religieusement gardée de part et d'autre, les conversations des deux serviteurs jusque sous les murs du château de leur maître, où ils arrivèrent un dimanche au soir.

CONSTANTIN.

Bertrans de Born si com eu vos ai dict en las autras razos, si avia un fraire que avia nom Constanti de Born. Si era bos cavalliers d'armas, mas non era hom que sentremesse molt de valor ni d'onor; mas totas sazos volia mal a'n Bertran et ben a totz cels que volian mal a'n Bertran, e si l'tolc una vetz lo castel d'Autafort.

Bertrand de Born, comme je vous ai dit dans les autres raisons, avait un frère nommé Constantin de Born. Il était bon cavalier d'armes, mais ne s'occupait guère de combats ni d'honneur. Seulement il voulait toujours du mal à Bertrand et du bien à ses ennemis, et il lui enleva une fois le château d'Autefort.

(*Biographie originale des Troubadours.*)

CHAPITRE VII.

Constantin.

Autefort s'élevait sur la montagne dont la cime et les flancs calcaires, isolés de trois côtés, frappent aujourd'hui les regards des voyageurs qui vont de Limoges à Brives. Le château présentait de loin l'aspect d'une masse quadrilatère flanquée de tours à tous ses angles : sa façade tournée au midi s'avançait triangulairement jusqu'à une grosse tour ronde, ancien ouvrage des Romains, qu'on aurait crue enfoncée là sur le bord du plateau pour retenir tout l'édifice. A mesure qu'on approchait, l'escarpement de la montagne, la hauteur prodigieuse des murs, la double rangée de palissades dont les fossés étaient bordés et une terrasse extérieure coupée à pic autour du château pour en protéger l'approche, découvraient successivement la force de la position. A mi-côte, la ville adossée au monticule se cachait derrière sa ceinture grise de murailles : un seul sentier tortueux circulant entre cette petite cité et le château conduisait à ce dernier; de là la vue plongeait dans le fond de la vallée arrosée par un ruisseau et se perdait sur des mamelons qui, excepté au levant où verdissent encore quelques prairies, étaient entièrement ombragés de bois.

Cornils campait avec ses hommes vis à vis de la façade, et le vallon avait en cet endroit si peu de profondeur que les deux partis pouvaient s'observer sans qu'un mouvement leur échappât.

Les cris de joie qui saluaient l'arrivée de Bertrand de Born n'eurent donc pas plutôt éclaté sur le versant opposé, qu'un homme parut entre les créneaux d'Autefort.

Il était de petite taille et vêtu de noir. Ses traits arrondis, son front effacé, son menton aigu et ses lèvres minces accusaient au plus haut degré les organes de la méchanceté et de la ruse. Une plume plantée dans sa toque montrait qu'il était noble.

Il s'appuya sur le rempart dans l'attitude de quelqu'un qui écoute, et aux murmures lointains des voix, aux sonores hennissements que le vent portait à son oreille, il tressaillit. Malgré l'obscurité du crépuscule, on apercevait les ombres des soudadiers passant et repassant sous les chênes, le gonfanon blanc ondulait au souffle de la nuit, et de temps à autre sur le fond noir des bois venaient à luire comme des éclairs les reflets d'un casque ou d'une cuirasse.

Ce spectacle n'occupait cependant pas le vigilant observateur au point de l'empêcher de jeter les yeux tantôt sur le préau, tantôt sur le chemin dont nous avons déjà parlé. Bientôt même toute son attention se porta de ce côté, et avant que la guette placée sur la terrasse eût crié alarme, il avait reconnu l'objet des frayeurs du vassal, et s'était empressé de redescendre les marches de pierre irrégulièrement superposées à l'intérieur le long du rempart.

La guette aperçut alors distinctement deux personnes à cheval qui gravissaient le sentier, et lorsqu'elles furent à portée de trait, cet homme cria de nouveau.

Les cavaliers s'arrêtèrent.

— Qui vient? disait l'archer, en élevant sa manubaliste à la hauteur de l'œil.

— Gaucelm, répondit-on avec l'accent de la confiance la plus franche, Gaucelm de Faidit!

— Et Guilhomone, ajouta plus bas une mélodieuse voix de femme.

— Halte!

— Encore une mauvaise affaire que l'enragé

baron se sera jetée sur les bras, murmura Gaucelm; si cet homme échappe à la mort, ce n'est pas faute de creuser sa tombe. Mais il va nous laisser ici deux heures faisant le pied de grue, sans considérer que le flanc de nos bêtes palpite de sueur et que l'air qui descend de ces châtaigniers est froid ce soir comme la bise. Patience toutefois, car saint Julien tomberait du ciel pour nous conduire que le païen qui est allé avertir son maître ne mettrait pas plus vite un pied devant l'autre.

— Bah! reprit gaîment Guilhomone en montrant la guette, le hibou a déjà chanté; l'archer, qui n'avait eu que deux pas à faire dans le château pour en recevoir l'ordre, les introduisit en effet avec toutes les précautions d'usage en temps d'alerte.

Mais cette prudence, quoique parfaitement justifiée par l'état de la société féodale, qui n'était en lui-même qu'un choc incessant où les combattants ne s'arrêtaient que pour reprendre haleine et frapper avec plus d'énergie, parut causer une impression inattendue aux voyageurs. Ils échangèrent plus d'un coup d'œil de surprise en traversant les fossés et la double enceinte, et, soit que les sombres figures qui apparaissaient sur leur passage leur inspirassent des soupçons, soit qu'ils s'attendissent à une réception plus hospitalière, au moment de franchir le dernier pont, tous deux hésitèrent. Mais il n'était plus temps : leurs guides, remarquant ce mouvement de répugnance, les poussèrent plutôt qu'ils ne les conduisirent dans la vaste salle voûtée qui formait le vestibule du caslar.

Ils y furent d'abord plongés dans les ténèbres, car cette pièce ne recevait du jour que par deux meurtrières; mais au bout de quelques instants d'une attente très impatiemment supportée, une porte s'ouvrit dans le fond, et l'homme vêtu de noir qui venait de quitter le rempart se présenta devant eux une lampe à la main.

A sa vue, ni l'un ni l'autre ne put retenir une exclamation de surprise; lui, au contraire, s'avançant tranquillement :

— Quoi! est-ce vous, Gaucelm? et notre belle nonne d'Aix! nous n'attendions pas si bonne compagnie ce soir. Quel est donc le vent qui souffle dans les ravines d'Uzerche? Il faut qu'il se soit levé bien favorable pour vous mener en ce pays sauvage. Mais vous vous taisez ; vos yeux errent sur ces murailles comme s'ils y cherchaient quelque chose de caché. Qu'est-ce donc qui vous étonne aujourd'hui à Autefort?

— Votre présence, seigneur Constantin, s'écria Gaucelm, incapable d'habiller sa pensée d'aucune dissimulation oratoire.

— Vous êtes surpris de voir un fils sous le toit de son père?

— En tout autre lieu cela me semblerait conforme à la loi divine et humaine, mais ici....

— Achevez, ici....?

— Eh bien, ici votre apparition fait sur moi l'effet d'un acte d'injustice ou de violence, pour ne pas dire un autre mot. A moins qu'un nouveau pacte n'ait été juré entre Bertrand et vous, ce que je crois aussi facile, eu égard à la compatibilité de vos caractères, que de coupler ensemble le lièvre et le lévrier.

— Le testament de mon père nous avait partagé la seigneurie; pourrait-on me blâmer de réclamer mes droits?

— Tous vous blâmeraient si, ayant consenti un accord avec votre frère, vous profitiez des embarras dont l'accablent ses ennemis pour violer les promesses que vos lèvres ont faites. Au reste, il ne m'appartient pas de décider entre vous : à chacun son métier. Je suis trobador et non légiste; tout ce que je puis dire, ajouta Gaucelm en regardant Guilhomone qui écoutait, nonchalamment assise sur un banc de chêne, c'est que ni en Provence, ni en Aragon, ni à la cour de Philippe, ni à la cour de notre seigneur d'Angleterre, il n'existe cavalier ferme en sa foi, prisé en son honneur et loyal en sa parole comme celui qui est absent; c'est que nous avions tourné la tête de nos chevaux de ce côté exprès pour lui, et que là où il campe nous irons, quand nous devrions recommencer notre route, et qu'il n'aurait à nous offrir pour toit que la voûte du ciel.

— Non, non, ami Gaucelm, vous ne partirez pas ainsi : voilà la nuit et nous ne pouvons nous séparer avant de nous être assis à cette table. Ce serait la première fois qu'un voyageur ou un pélerin repasserait le seuil de la maison de mon père sans savoir si le pain est chaud et le vin bon à Autefort !

— Je resterai, répondit Gaucelm, le temps qu'il faudra au sablier pour couler jusqu'à cette marque, et pas une minute de plus : encore n'est-ce qu'à la condition expresse que nous parlerons d'autre chose.

Constantin y souscrivit de bonne grace, et, tandis que des individus à sinistre physionomie, assez mal dressés à l'office de valets, couvraient la table, la conversation prit pour texte un sujet tout différent, la vie de Gaucelm.

L'existence de ce trobador, ou, comme disaient ses ennemis, de ce joglar [1], se détachait

[1] Jongleur.

fortement sur une de ces originalités perdues qui aident si bien à repeindre les mœurs d'un siècle. Gaucelm de Faidit, fils d'un bourgeois d'Uzerche, ayant joué aux dés le riche héritage de son père, s'était mis à courir le monde en composant chansons.

Messire Boniface, marquis de Montferrat, entendit ce jeune cantador et le mit en avoir, en robe et en armes, ou, pour nous servir de nos expressions plus positives, lui fournit, par amour de son talent, et les chevaux et l'argent, et les habits de soie et de fin drap qui formaient l'équipage du trobador. Protégé en outre par Richard Cœur-de-Lion, alors duc de Guyenne, sans inquiétude sur le présent, indifférent pour le passé et nullement soucieux de l'avenir, Gaucelm perchait sur la vie comme l'oiseau sur la branche. Madame Audiart, Marie de Ventadour, et la belle comtesse d'Aubusson, avaient bien essayé de le prendre dans leurs filets; mais lui, tout à la première impression, donna son cœur à une nonne. Il la tira de son couvent, l'épousa, puis, comme elle partageait tout au moins sa gaîté, son insouciance et son humeur errante, les voilà qui commencèrent à eux deux le plus étrange pélerinage qu'on puisse entreprendre ici-bas. Partout où le soleil était beau on était sûr de rencontrer Gaucelm et Guilhomone; ils se mêlaient à tous les plaisirs, et passaient tour à tour de Guyenne en Poitou, des montagnes du Limousin aux larges plaines de Provence; ensuite, au lendemain des fêtes, comme les hirondelles revolent à la poutre qui retient le vieux nid, ils regagnaient aussi pauvres, mais aussi gais qu'auparavant, leurs très modestes albercs d'Uzerche, ou de Limoges, seuls souvenirs de l'héritage paternel!

Or, c'est d'une telle façon de vivre (qui, par parenthèse, durait depuis dix ans) qu'il était question entre Gaucelm et le seigneur Constantin. Peu à peu, cependant, celui-ci, dont le front assombri trahissait les préoccupations, laissa tomber cet entretien, et, attirant le trobador dans le fond de la salle, il lui parla bas et long-temps. Sa voix était conduite avec tant de soin que, malgré la peine qu'elle prenait pour écouter, Guilhomone ne pouvait saisir un mot, et qu'en vain elle changea de place afin de démêler l'objet de la conférence sur le visage de Gaucelm; l'ombre dont les interlocuteurs étaient à moitié couverts lui ôtait même cette ressource. Il est donc plus que probable, considérant la grande curiosité de l'autre sexe et les moyens ingénieux qu'il emploie pour la satisfaire, que Guilhomone allait se mettre en tiers dans la confidence si elle se fût prolongée.

Mais à l'instant où l'on eût dû s'y attendre le moins, Gaucelm se tourna brusquement et lui dit : « Sortons! »

Constantin balbutia inutilement, dans l'espoir de le retenir, quelques paroles peu intelligibles à travers lesquelles perçaient des semblants d'explication et ces mots qu'il croyait sans doute concluants : « Le repas est prêt!

— Grand bien vous fasse! quant à moi, je ne

resterai pas ici, dussé-je mourir de faim dans une heure !

— Au moins vous vous chargerez d'un message pour mon frère ?

— Si vous pouvez le dire tout haut !

— Demandez-lui de ma part une entrevue à l'endroit et le jour qu'il voudra : demain, par exemple.

— Soit ! et maintenant faites-nous ouvrir les portes.

— Au revoir, ami Gaucelm !

Le trobador s'éloigna sans répondre.

— Ces mendiants! se dit à lui-même Constantin en levant les épaules et en souriant de mépris ; cela végète couché dans la misère comme Job dans son fumier, et si vous les prenez en pitié et que vous leur tendiez la main, ils vous la mordront avec l'orgueil et l'ingratitude des haillons.

Aussi vite que j'en ai la pensée, en exécutant ce que je lui laissais comprendre, cet homme pouvait s'enrichir. Demain, au lieu de vivre, comme un chien, des morceaux tombés de la table des autres, il était heureux et libre avec son or. Point; l'honneur ! borne colossale posée sur le chemin des niais et qu'ils n'osent jamais tourner. Le crime! le crime! qui n'est à tout prendre qu'un pont hardi jeté par les habiles sur les destinées contraires. Pourvu que les fondements plongent assez bas, l'édifice tient et vous élève au but.

En achevant ce soliloque entrecoupé de pauses fréquentes, Constantin se versa coup sur coup deux verres de vin pleins jusqu'au bord ; puis il sortit mystérieusement du château par la poterne qui regardait le Quercy.

UN LUNDI.

E no y guart dilus ni dimartz,
Ni setmana, ni mes, ni ans,
Ni m'lais per abril, ni per martz,
Qu'ieu non cerque cum venha dans
 A sels que m'fan tort;
 Mas ieu per uiull sort,
 Jamais d'Autafort
 Non laissarai ort.

Ni pour lundis, ni pour mardis,
Ni pour mois de mars ou d'avril,
Je ne lâche mes ennemis,
Ni ne reste à chercher péril
 A qui me fait tort;
 Et nul mauvais sort
 Des champs d'Autefort
 Ne rogne le bord.

    (BERTRAND DE BORN.)

CHAPITRE VIII.

Un Lundi.

Sur ces entrefaites, Bertrand se promenait devant son camp. Le front rêveur, les bras croisés, il allait et venait sans cesse, mesurant lentement un petit sentier de vingt ou trente pas de long qu'on voyait blanchir entre les châtaigniers à la première clarté de la lune. Ses pensées étaient si graves, elles le détachaient si complètement de la sphère d'action qui l'entourait, qu'il passa deux fois et se heurta presque à son escudier sans l'apercevoir. Alors celui-ci, qui en avait probablement l'habitude dans ces moments de distraction, jugea à propos de s'annoncer lui-même.

—Eh bien! répondit Bertrand de Born comme réveillé en sursaut.

— Je vous amène une recrue, monseigneur.

Il leva les yeux et vit à côté de Cornils un donzel dont l'air ferme et modeste en même temps le prévint d'une manière favorable.

— Quel est ce jeune homme ?

—C'est le dernier des fils du comte Fortuné de Gourdon; mais si vous lui donnez place sous la bannière, on n'en dira pas autant de lui parmi vos soudadiers.

— Je le crois : le courage dans la maison de Gourdon n'est pas moins héréditaire au cœur des hommes que la beauté au front des femmes. Tu veux donc t'attacher à moi? ajouta-t-il en se tournant vers le jeune Quercinois. Mais sais-tu bien ce que tu fais, as-tu bien pesé ta démarche? Avec le pauvre vicomte d'Autefort tu ne trouveras aucun des bonheurs qu'on désire à ton âge : des fatigues, des coups, des dangers, voilà tout ce qu'il peut offrir à ceux qui suivent son pennon. Toujours harcelé par tous, et traqué par ses ennemis comme une bête fauve, il n'a pas même maintenant un toit pour couvrir sa tête.

— Mais il a ses droits et sa lance !

— Pourquoi, continua Bertrand, n'es-tu pas allé dans le Nord? soit de ce côté de la Loire, soit par delà, jeunesse et ambition peuvent largement moissonner. L'avoir et l'honneur viennent aujourd'hui à monceaux en criant Montjoie ou Saint George !

— Cela peut être, mais je ne me soucie ni de tournois ni des esterlins, et j'aime mieux crier : Aide à l'Aquitaine !

— La cause de la patrie est noble et sainte, mais n'as-tu jamais rêvé que son gonfanon, que nous nous efforçons tous de déployer au vent de l'indépendance, retombe parfois sur ses enfants les plus braves et les plie comme le linceul ?

— Je le sais, et, par la tombe de ma mère, je regrette de ne pouvoir pour elle mourir qu'une fois !

— Il est des êtres dont la destinée porte en germe une fatalité originelle. Moi, le malheur me foule depuis le berceau. Enfant, les faibles m'usurpaient ma terre; homme, les forts se liguent et me la ravagent. La mauvaise foi me dispute mon foyer, la trahison me le prend. Il n'est si lâche ennemi qui ne profite, pour m'assaillir, du moment où j'ai les bras plongés dans le péril jusqu'à l'aisselle. Ceux qui marchent à mon cri, la poitrine constamment tournée vers les flèches et le fer, la tête à chaque instant courbée sous les balistes, ne doivent pas plus compter sur le lendemain que le laurador sur les épis verts de son champ. Et pour prix du dévouement et du sang qu'ils lui donnent, qu'ont-ils à espérer du malheureux Bertrand de Born? une tombe là-bas dans sa bruyère !

— Et un souvenir dans son cœur et un renom éternel dans ses sirventes, s'écria Gourdon avec chaleur !

— Ce qui paie la vie de reste, murmurait Cornils à demi-voix, lorsque son maître, après avoir jeté un coup d'œil scrutateur sur le courageux Quercinois, reprit vivement :

— Ainsi, tu ne t'effraies pas de ces chances ?

—Pas plus que de cette comète qui brille là-haut !

—Alors, tu es à moi : Cornils, pour son début, vous allez le placer en guette jusqu'à minuit dans ce taillis isolé d'où l'on peut surveiller à la fois Autefort et la campagne. Bonne garde, jeune homme ; songe bien que nos vies dépendent de ta vigilance, et au moindre bruit viens m'avertir. Puis se tournant vers ses hommes qui s'étaient rapprochés pendant cette conversation : Amis, leur dit-il, on croit dans la plaine que j'ai perdu mon château pour en avoir chassé mon frère un lundi. Au point du jour nous l'attaquerons, et vous verrez que si le lundi est un jour fatal, c'est pour les traîtres !

Après ces paroles accueillies par les plus bruyantes acclamations, il gagna sa tente, non sans auparavant s'être assuré que des provisions de toute espèce leur avaient été distribués en abondance selon ses ordres.

La toile bleue et blanche qui composait son pavillon était brillamment éclairée à l'intérieur: on y avait dressé une table, servie sinon avec délicatesse, du moins avec la profusion féodale, et qui eût attesté au besoin que ses faucons n'étaient pas restés à Autefort. Ce fut donc avec une sensation très prononcée de plaisir que Bertrand, préparé à la faim par sa longue course, s'assit devant le gibier odorant et fit signe à Cornils de l'imiter. Les lumières, la vue des mets qui fumaient entre eux, le cor dont la retentissante fanfare tombant dans les échos des bois et des ravines se mêlait au roulement des tambours pour annoncer le souper des soldats, et plus que tout cela le jeune enthousiasme du soudadier qui vibrait encore près de son cœur comme un bruit d'armes, lui rendirent la confiance et la gaîté.

— Allons, Cornils, s'écria-t-il de sa voix insouciante, l'assaut n'est que pour demain; à nous le présent!

Mais il aurait plutôt déraciné la montagne d'un souffle que tiré un mot du gosier de son compagnon. Le fidèle escudier était sans contredit un des meilleurs hommes d'armes de son époque. Personne ne remplissait aussi rigoureusement les devoirs de sa charge; mais par une réciprocité, très naturelle du reste, aucun ne profitait plus, dans le sens physique, du temps qui lui revenait en dehors de ces devoirs. Ainsi, dès que la trompe se faisait entendre, n'importe sur quel chiffre horaire coulât le sablier, il était le premier debout; mais quand elle sonnait ou la halte, ou le repas, ou le sommeil, Cornils s'arrêtait, s'attablait, se couchait avant tous les autres. Se battre, manger et dormir, voilà le triple but que son épaisse intelligence avait démêlé dans sa vie, et le seul qu'il eût constamment devant les yeux. Aussi le souper étant une de ces trois choses sacramentelles, son maître avait beau l'exciter, il ne répondait rien, et cette machine humaine, qui était prête à se laisser saigner aux quatre veines une minute après, gardait un silence obstiné parce que le moment n'était pas venu et qu'un mot lui eût fait perdre un coup de dent.

Dans ces circonstances, l'arrivée de Gaucelm et de Guilhomone fut une bonne fortune. Bertrand ne pouvait en croire ses yeux, et ses exclamations de surprise durèrent autant que l'appétit de ces deux convives inattendus, dont l'empressement gastronomique porta à un degré effrayant l'émulation de Cornils.

Mais au troisième tour que fit le vin vieux sur la table, la joie s'éveilla et leurs langues se délièrent. Gaucelm conta la réception qui lui avait été faite au château ; il ne voila que par une périphrase fort transparente la cause de leur départ subit, et Guilhomone, enchérissant sur sa narration par ces traits piquants qui aiguisent assez volontiers la causerie des femmes, amena le sourire aux lèvres de son hôte.

— Vraiment, ami Gaucelm, notre frère bien aimé voulait te séduire !

— Il avait daigné jeter les yeux sur moi pour l'exécution d'un beau projet, mais en me dardant son venin, il oubliait une chose, c'est que le basilic meurt quand on l'aperçoit !

— Et que tu le regardais fixement, j'en suis sûr.—Quant à vous, belle fleur des cloîtres, ce tentateur aurait pu prendre la forme du serpent son père, et ramper long-temps à vos genoux, qu'il ne vous eût pas persuadée davantage !

— Non certes, m'eût-il offert toutes les pommes du Périgord; il est vrai que je les déteste.

— Et que par ce motif vous me préféreriez encore. Sais-tu, Gaucelm, que tu as là une femme charmante ?

— Nous y voici, s'écria le trobador d'un ton de résignation comique !

— Serais-tu jaloux, par hasard?

— Moi, sainte Marie! comment voulez vous qu'une telle pensée me tourne le cerveau? N'êtes-vous pas aimé en trop haut lieu pour regarder ailleurs, et moi n'aimé-je pas trop cette femme?

— A la bonne heure, reprit lestement Guilhomone, j'admets cette raison, car la première ne vaut rien. Sachez, maître Gaucelm, qu'on aimera toujours mieux un petit oiseau sur le poing que grue volant au ciel, et que si j'étais moins sage, vous un peu plus fou, et le seigneur ici présent courtois comme d'habitude, avec cette couronne blonde, je ne craindrais ni reine ni princesse!

Gaucelm haussait les épaules. — Nos clercs prêchent qu'orgueil perd le siècle, dit-il, en se versant une large rasade, mais le moyen d'en douter maintenant? Si la conversation, du reste, cloche sur ce pied-là, je crois que je ferai sagement d'imiter l'exemple de ce brave homme (et il montrait Cornils qui, ayant jugé sa présence active inutile à son maître, accomplissait consciencieusement la troisième partie de sa tâche vitale).

Bertrand répondit en appelant Papiol.

Le jongleur, qui se tenait prêt, accourut aussitôt et commença la série de ses tours.

Il joua d'abord avec les cymbales les airs les plus en vogue dans la Languedoc, et dansa, aux grands applaudissements de Guilhomone, une sarabande mauresque. Ensuite il prit quatre cerceaux et passa successivement au travers en exécutant une foule de gambades plus périlleuses les unes que les autres.

Les petites corbeilles peintes, lancées à la fois et rattrapées de la même main, succédèrent à cet exercice.

Puis il dégaîna deux couteaux attachés à sa ceinture bariolée, et se mit à jeter en l'air des pommes qui retombaient sur la pointe et qu'il relançait incessamment sans en laisser échapper une. L'adresse qu'il déployait à ce jeu, l'un des plus difficiles du répertoire des jongleurs, allait lui valoir, outre des éloges sincères, deux ou trois *peiragorzis* d'argent, mais le satané Papiol préféra une méchanceté.

Tandis que tous les yeux suivaient avec admiration cette myriade voltigeante de pommes, une se détourna soudain du centre de gravité voulu, et rebondit comme un cairel sur le visage de Cornils qui se réveilla bruyamment.

Chacun fit ce qu'il devait faire en cette occurrence. La femme éclata de rire, Bertrand chassa Papiol en lui promettant une sévère correction pour le lendemain, et Gaucelm, qui tenait à effacer le mauvais effet produit par l'hilarité toujours croissante de Guilhomone, se mit à boire avec la victime.

Malheureusement, cette compatissance lui devint fatale, en ce sens qu'elle donna occasion de renouer la conversation qu'il avait déjà voulu rompre, et bientôt, malgré ses efforts, l'humeur qui obscurcissait le front de Cornils gagna le sien. Il avait beau chercher des saillies, l'amertume dominait dans ses paroles, et ses regards, adressés à son taciturne voisin, finissaient par tomber à chaque instant sur Guilhomone.

On pouvait en être jaloux.

L'ex-nonne de Provence touchait à son vingtième printemps ; des cheveux d'un blond brillant comme l'or encadraient en nattes riches et négligemment arrangées une figure des plus agréables. Ses yeux bleus à fleur de tête tantôt pétillaient de malice, tantôt se remplissaient de cette expression langoureuse qu'aiment tant les hommes. Elle avait des lèvres un peu grosses, mais si vermeilles que ce défaut eût pu facilement passer pour une beauté, et sa taille ne trahissait d'autre imperfection qu'un penchant vers l'embonpoint contenu avec peine par les doubles agrafes de sa robe de soie verte et par sa ceinture d'orfroi [1].

Jugeant donc d'après la relation étroite qui existe entre le physique et le moral, on doit déjà savoir le caractère de Guilhomone. Parfois non-

[1] Drap d'or.

chalant, il s'animait, dans l'occasion, de vivacité, et penchait souvent vers le caprice spirituel et malicieux.

C'est ainsi qu'elle se faisait un plaisir d'aiguillonner le dépit de Gaucelm (bien qu'elle en connût la cause à merveille), et qu'elle suivait aisément la pensée légère du trobador sur des propos dont la liberté effarouchait les oreilles conjugales.

Bientôt Bertrand exprima le désir d'entendre sa voix qui était en effet charmante; or, comme la proposition ne paraissait guère du goût de Gaucelm, et que les femmes, pour mille et un petits coups d'épingle que nous leur donnons dans la vie, nous gardent deux mille et deux petites vengeances, l'ancienne nonne se rendit sur le champ aux vœux de son hôte.

— Quelle chanson voulez-vous que je chante?

— La plus gaie!

— Ecoutez.

— Paix, Gaucelm, cria Bertrand de l'autre côté de la table; et le silence s'y étant rétabli,

Guilhomone entonna en s'accompagnant de la cytale :

> En Auvergne, du Limousin [1],
> J'allais doucement en voisin ;
> Je trouve la femme à Garin,
>   Celle à Bernard,
> Qui me saluèrent soudain,
>   Par saint Launard.
>
> Une me dit en son latin :
> Dieu te sauve, dom pélerin !
> D'innocence tu parais plein,
>   Mais, pauvre enfant,
> Que tu vas trouver en chemin
>   Mauvaise gent !
>
> Alors agitant de la main
> La clochette au son argentin,
> Je leur chantai ce sarrazin :
>   *Tarra babart*
> *Marta babelio ribin*
>   *Sara ma hart.*

[1]   En Alvernhe part Lemozi ;
   M'en aniey totz sols a tapi
   Trobey la moler d'en Guari...

— Peut-on se souvenir d'une pareille rapsodie? interrompit à ce couplet le trobador d'Uzerche.

Mais elle, continuant plus joyeusement :

>Oh! dit Agnès, chère Ermessant,
>Voici ce que tu vas cherchant :
>L'héberger sera très piquant;
>   Il est muet!
>Nul ne saura par conséquent
>   Notre secret.

>L'une me prend sous son manteau,
>Me mène devant son fourneau,
>Où je trouvai du feu nouveau
>   Qui me fut bon,
>Et j'approchai mon escabeau
>   Du gros charbon.

>A souper j'eus un beau chapon,
>Du pain tendre, du vieux Langon;
>Aussi je touchai le flacon
>   Plus d'une fois;
>Car nous étions dans la maison
>   Seuls tous les trois.

Ici ce fut le tour de Bertrand de Born qui l'arrêta pour lui murmurer quelques paroles à l'oreille : elle sourit et reprit aussitôt, l'œil malicieusement attaché sur son mari :

Sœur, l'homme est bon, qu'en dites-vous ?
Il perd sa langue exprès pour nous.
Montrons-lui donc notre chat roux,
    Vif et joyeux,
Que l'absence de nos époux
    Rend paresseux.

Quand je vis les deux ennemis,
Aux grands ongles, aux blonds sourcils,
Apparaître à demi blottis
    Dessous le lin,
Tout palpitant je me sentis
    Jusqu'à la fin.

Chacune se lève sans bruit,
Sous les rideaux on me conduit,
Agnès commence, Ermessant suit ;
    N'écoutez pas !...
Je fus mordu toute la nuit
    Par ces deux chats.

— Et, ajouta Bertrand, ce vieux libertin de comte de Poitiers eut grande raison de terminer ainsi :

> Jongleur, tu m'iras ce matin
> Porter ces vers en Limousin,
> Droit à la femme de Garin
> Et de Bernard,
> Et dis-leur que le pélerin
> Est un bavard.

Mais par la vielle de Papiol, comme vous chantez, belle nonne! A ce moment il se pencha de nouveau, dans l'intention sans doute que le reste de l'éloge ne parvînt qu'à elle, et en lorgnant de près son sein amplement découvert il aperçut un crucifix. Cette vue le fit sourire; il ne put s'empêcher de s'écrier :

— Sur mon ame, Guilhomone, vous avez logé notre Seigneur où nous voudrions tous être.

— Il faut croire qu'il trouve la place à son gré, car c'est lui qui l'est venu prendre.

— Comment cela ?

— Parce que j'ai trouvé ce bijou dans une masure abandonnée où nous sommes descendus ce matin pour faire reposer nos chevaux.

— Voulez-vous me le montrer, Guilhomone ?

— Le voilà.

Bertrand tourna et retourna cette croix d'or incrustée de diamants, et plus il l'examinait, plus il devenait rêveur. Il demanda ensuite s'il n'y avait rien dans cette masure. — Les restes d'un copieux déjeuner, et l'on y avait passé la nuit, à coup sûr, répondirent à la fois Gaucelm et Guilhomone.

— Attendez-moi, dit Bertrand, en quittant la tente avec Cornils.

Il s'était opéré une transformation subite dans la personne de ce dernier : le sentiment d'un danger prochain l'avait grandi de toute sa taille. C'était comme un rappel militaire qui réveillait brusquement ses facultés et les rangeait chacune à son poste.

Avant même que son maître lui eût dit un mot, il avait fait armer ses hommes.

— Bien, Cornils! car, ou je me trompe, ou nous avons peu de temps à perdre; voici déjà ton brave compatriote; qu'est-ce, jeune homme?

— Monseigneur, dit Gourdon, presque hors d'haleine, je viens de découvrir une longue file d'ombres suspectes qui glissent silencieusement à travers bois. Un cavalier les guide, mais, chose prodigieuse! quoiqu'il marche sur les pierres, les sabots de son cheval ne font pas de bruit.

Le seinhor et l'escudier se regardèrent d'un air d'intelligence, et le premier, ayant vu d'un coup d'œil que ses soudadiers étaient prêts, donna quelques ordres à voix basse et recommanda le silence.

Les lumières du pavillon s'éteignirent et pas une clarté ne brilla sur cette pelouse, pas un souffle ne s'y fit entendre.

On attendit assez long-temps.

Tout à coup un épais nuage passa sur la lune,

le camp se trouva plongé dans l'obscurité la plus profonde et attaqué à la fois de toutes parts.

— A l'aide! cria Bertrand en s'élançant sur son cheval et le poussant contre les bandits qui débouchaient. A l'aide! à l'aide! répétèrent ses soldats de toute la force de leurs poumons.

Les assaillants, se voyant découverts, ne tentèrent pas même de disputer la victoire; ils envoyèrent une volée de flèches et disparurent.

Alors, des feux que maître Tuex avait fait préparer dès son arrivée s'allumèrent sur tous les points culminants de la colline, et à la lueur des flammes resplendissant comme des phares dans la nuit on vit un étrange spectacle.

Des hommes dont les costumes sinistres et délabrés rappelaient la tenue des routiers, et qui ne différaient même de ceux-ci que par le brandon de paille qu'ils portaient autour de leurs bourguignotes rouillées, fuyaient dans toutes les directions. Deux d'entre eux entraînaient ce cheval surnaturel dont l'apparition avait tant étonné la guette et qui rasait effectivement le chemin rocailleux du vallon sans que ses pieds le battissent du moindre choc.

Mais ce qui frappa de stupeur Gaucelm sorti de la tente au commencement par curiosité, ce fut de reconnaître Bertrand de Born qu'il venait de quitter, enveloppé dans sa robe de samit, la tête couverte de sa toque, et à ce qu'il paraissait lié sur ce cheval.

Les vassaux s'arrêtèrent immobiles, terrifiés devant ce prodige. Seul, Cornils courut en avant, la masse haute ; et il jouait avec tant d'ardeur des éperons qu'une rencontre avec le spectre était infaillible ; mais on lui ravit cette gloire. A l'instant où le cheval allait franchir le ruisseau qui arrose le ravin d'Autefort, une flèche traversa ses flancs et il s'abattit avec fracas.

— Bien visé, s'écria une voix forte, la voix de Bertrand. S'élançant aussitôt d'un bouquet de chênes, tandis que son Sosie gisait encore sur le cadavre du cheval, il renversa un des bandits qui le tenaient avec le poitrail de son bayart et le clouant à terre sous sa lance.

— Qui es-tu, misérable?

— Martin, l'Algaï.

— C'est l'infâme évêque de Cahors qui t'envoyait; et mon frère?

Le bandit garda le silence.

—Parle, ou je délivre l'Aquitaine de sa honte!

— Le sire de Born ne tue pas ses ennemis désarmés.

— Va, tu as raison, je ne baignerai pas ma terre d'un sang aussi vil; fuis, scélérat, et porte à ton digne maître la nouvelle de la prise d'Autefort!

L'Algaï se releva promptement, mais quand il eut gagné un tertre d'où la fuite lui était facile, il se retourna.

— Bertrand de Born, dit-il, je reconnais ta générosité sous tes injures. Je te dois la vie: tu verras un jour si Martin l'Algaï a bon souvenir.

En ce moment arrivaient les soudadiers.

— Regardez, fit Bertrand, le doigt tendu

vers le ruisseau, regardez la ruse de nos ennemis.

Tous se pressèrent autour du cheval abattu, et ils trouvèrent avec confusion, d'abord qu'il avait les pieds entourés de laine, ce qui avait dû amortir entièrement le bruit de ses pas, et puis que la personne qu'ils prenaient pour leur chef n'était autre que Guilhomone. L'insouciante Provençale, aux premiers cris d'alarme, affublée sans façon d'une toque et d'une robe de Bertrand, s'était jetée sur son lit, d'où Martin l'Algaï et Constantin l'avaient enlevée croyant tenir Bertrand lui-même.

— Je les attendais à cette place, ajouta celui-ci, quand le plus beau coup de flèche dont je me souvienne a fait tomber ce pauvre animal à mes pieds. Et par les tours! c'était si adroitement visé que je donnerais jusqu'à mon bayart à l'archer qui a bandé l'arc. Il me tarde avec passion de le connaître.

— Le voilà, monseigneur, dit Cornils, fier de cet éloge, en indiquant Gourdon qui serrait de près un fuyard sur le chemin du château.

— Sur mon ame, c'est notre bien aimé frère qu'il presse ainsi. A l'aide, mes amis, à l'aide, le château est à nous !

Les soldats, honteux de leur méprise, se précipitèrent à l'assaut avec une telle furie, que les palissades furent forcées et le premier fossé franchi presque sans coup férir. Les bandits que l'Algaï avait mis dans Autefort le rendirent aussitôt sous condition qu'ils auraient la vie sauve.

On ne fit donc qu'un prisonnier, Constantin, que le brave Gourdon avait terrassé sous les murs et qu'il amena à son frère. Bertrand resta en dehors de la principale porte. Il laissa passer tous ses hommes d'armes, et après que leurs chevaux eurent retenti lourdement sur le pont-levis, après que le dernier d'entre eux, y compris Gaucelm et sa nonne, fut entré au son éclatant des trompettes, il eut avec lui un entretien court, mais énergique, qui se termina par ces paroles :

— Vous êtes libre et j'oublierai tout, mais prenez garde de revenir sous ces tourelles!

— Nul ne m'y aurait vu si vous m'aviez payé le reste de l'argent promis lors du traité.

Bertrand lui jeta la croix enrichie de diamants qu'avait trouvée Guilhomone, avec cet amer reproche :

— Le saint prélat qui l'a perdue donnera pour la racheter plus d'or que je ne vous en dois.

Ainsi finit l'entretien des deux frères.

Le loyal rentra chez lui.

Le parjure reprit le chemin de Cahors, couvert de confusion.

LES BOURGEOIS.

Un grand aigle à grandes ailes et d'un long plumage a enlevé la cime d'un cèdre; il a rompu le bout de ses jets et l'a transporté en pays marchand, et l'a mis dans une ville de négociants.

(ÉZÉCHIEL.)

CHAPITRE IX.

Les Bourgeois.

Le repos n'était pas fait pour Bertrand de Born : tant de soucis agitaient son oreiller qu'il ne pouvait dormir ; tant de pensées ardentes pétillaient dans son ame, des projets si hardis lui élançaient sous le front, qu'afin de rester paisible un seul jour au caslar, il fallait qu'il fût assiégé ou malade. A peine en possession d'Autefort, il songea donc à poursuivre l'exécution de ses plans. Le temps pressait : Gaucelm, dont la visite touchait un but plus important que celui qu'il s'était empressé de divulguer devant Constantin, lui avait apporté une lettre du fils aîné du roi d'Angleterre. Le jeune roi, ou, comme on l'appelait plus généralement dans le Sud, Henri au *court mantel*, annonçait en peu de mots son arrivée en Périgord ; il écrivait de Bordeaux, et disait qu'il était temps d'agir. Bertrand le sentait, lui, mieux que personne. Mais la masse la plus compacte des populations méridionales ne bougeait pas. Derrière leurs remparts et leurs petites tourelles, les bourgeois regardaient tranquillement le choc des féodaux. Dès qu'ils voyaient les lances des barons reluire dans la plaine, ils fermaient à clef et n'ouvraient plus, quelque nom qu'on fit retentir sous les poternes.

Cette situation exceptionnelle était due aux nombreuses révolutions qui secouèrent l'état social au midi de la Gaule, depuis l'arrivée des barbares jusqu'à l'an 1000. Semée à larges sillons par la grande main de Rome, la liberté avait germé vigoureusement dans ce sol fertile et chaud. Vinrent Hongrois, Huns, Hérules, Vandales, qui foulèrent la moisson sous les pieds de leurs chevaux et mirent le feu dans le champ. Dès lors il fut impossible de l'y cultiver. Trois pouvoirs nouveaux nés des invasions du Nord, se partageant les débris de l'autorité épars depuis la chute de l'empire, s'emparèrent de la terre méridionale. Elle appartint à la royauté par le droit de conquête, à la féodalité par le droit du plus fort, au clergé par le droit de Dieu. Peur matérielle et peur morale, voilà les deux anneaux de fer qu'on riva sur l'intelligence, voilà les deux pilotis sur lesquels fut fondée la société moderne. Les villes cependant, closes de bons murs et plus à l'abri de ces trois fléaux, avaient, dans le malheur des temps, gardé leurs municipes à peu près intacts. La tradition s'en perpétua forte et vivace à travers les vicissitudes de huit siècles. Là où une cité était restée debout, on était sûr de retrouver la liberté. Mais cette liberté, à force d'être enfermée dans des rues étroites et des murs soupçonneux, était devenue défiante; à force d'endosser le chaperon et la robe de drap du consul bourgeois, elle s'était faite bourgeoise; à force d'entendre la cloche du conclave municipal, égoïste. D'où vient qu'ayant oublié qu'autrefois les curiales ruraux étaient leurs frères, maintenant que ceux-ci vivaient dans le vasselage, les habitants de la cité n'avaient plus pour eux ni sympathie ni pitié. Ils craignaient les barons et méprisaient l'église, qu'ils qualifiaient dans leur langage naïvement pittoresque *de truie crossée et mitrée;* en sorte que pour grouper ensemble ces trois classes d'hommes autour de la bannière et les amener à sacrifier haines, jalousies, rivalités, à donner en même temps vie et argent pour le triomphe d'une cause, il fallait une audace, un génie plus qu'ordinaires. Bertrand de Born l'entreprit sans balancer, et, sûr de l'appui des barons, il essaya de réveiller dans les cités le sentiment de l'amour de la patrie qui couvait (il le savait bien) sous la soutane de laine, comme le feu sous la cendre du foyer.

Il existait à cette époque en Périgord une ligue de défense mutuelle entre les villes dont les noms suivent :

Excideuil, Terrasson, Montignac, Thiviers, Nontron, Mareuil, Bourdeilles, l'Isle, la Tour-Blanche, la Roche-Chalais, Brantôme, Riberac, Saint-Astier, Mucidan, Dome, Limeuil et la partie de Périgueux appelée le Puy-Saint-Front.

Cette dernière était comme le moteur de la confédération : ce qu'avaient décidé ses consuls après mûre délibération, les autres l'exécutaient tête baissée. On devine par conséquent le but de l'arrivée de Bertrand dans l'antique Vésone, le second dimanche de juin.

Le Périgueux d'alors ne ressemblait pas à celui qui se présente aux yeux de la jolie vicomtesse, arrivant en chaise de poste d'Agen, ou du campagnard Thenonnais, qui vient au bon trot de la jument poulinière exercer au chef-lieu ses droits politiques.

L'une, en débouchant de la gorge triste et resserrée qui lui cachait l'horizon, aperçoit à travers une magnifique allée de peupliers cet amphithéâtre confus d'arbres et de maisons qui se mirent si gaîment par le beau soleil dans les eaux vertes de l'Isle. Elle se jette avec délices à la portière pour regarder ce chapeau gothique de Saint-Front, qu'un goût bizarre éleva dans les nues sur ses trop nombreuses colonnilles comme sur des perches plantées au hasard. Et le postillon fait déjà claquer son fouet à la porte du Chêne-Vert, qu'elle cherche encore autour d'elle « la tour *Vésune*, qui fut, au dire de son *Guide des voyageurs en Europe*, un temple consacré à Vénus ».

Quant au cavalier indigène, il réserve son admiration pour les plants de vigne qui traversent de loin en loin la vallée, pour les tapis roses de luzerne qui s'y déploient, les blés qu'on y voit onduler, les noyers et les châtaigniers dont est bordée la route au flanc rougeâtre. Et quand ses regards se lèvent vers la ville, ce n'est pas pour découvrir la fontaine merveilleuse, le souterrain, le cirque, mais pour s'arrêter complaisamment sur les vagues blanchissantes des moulins, sur la caserne et les arbres du jardin public transformé en pépinière départementale.

Le vieux Périgueux, au temps où nous sommes maintenant (1183), se divisait en deux villes : la première, dite le Puy-Saint-Front, s'élevait irrégulièrement étagée sur la colline. Du milieu de ses maisons aux pignons aigus et noirs de fumée, qu'on voyait de l'autre bord de la rivière s'allonger en pains de sucre, sortait majestueusement la basilique romane de Saint-Front. Elle était habitée, ainsi que nous l'avons déjà fait entendre, par des bourgeois réunis en commune, et, sauf la taxe régalienne, libres, indépendants vis à vis de tous. De bons remparts, des fortifications entretenues avec soin, la tour Mataguerre et une vigilance infatigable leur assuraient ces droits municipaux, alors si précieux et qu'ils avaient su conserver depuis huit générations.

La seconde ville, portant comme aujourd'hui le nom de cité, et occupant le même emplacement dans le vallon, appartenait aux comtes de Périgord. Elle était aussi entourée de murs très hauts et très forts, appuyés de distance en distance à de grosses tours parmi lesquelles se distinguait, par sa masse antique, celle de Vésone.

Une étroite langue de terre seulement séparait les deux cités, qu'on suppose déjà, sans qu'il soit besoin de le dire, ennemies et rivales. La défiance plébéienne d'un côté, de l'autre la haine féodale, avaient été si religieusement transmises de père en fils que, soit du fait des bourgeois, soit du fait des comtes, guerre durait toujours. Les hommes d'en haut considéraient leur noble voisin comme un loup raubador[1] altéré de sang, et qu'ils devaient nuit

[1] Ravisseur.

et jour surveiller, car jour et nuit il rôdait autour de leurs murs. D'autre part, celui-ci ne voyait en eux qu'une troupe de renards enrichis de butin, dont il était prédestiné, tôt ou tard, à enfumer le terrier. Et ce projet héréditaire dans sa race, Elie de Taleyrand, cinquième du nom, quoique d'un caractère assez doux, ne le dissimula pas à Bertrand, quand il apprit l'objet de son voyage.

— Sire de Born, dit-il, vous avez rêvé l'impossible. Nous réunir à ces malvatz [1] c'est vouloir marier le cerf et la tortue. Noblesse et bourgeoisie ne peuvent marcher au son de la même trompette. Vous connaissez la maxime de V et vert : *lo lobrier corre e la lebre, l'us per pahor l'autre per desirier; l'us s'en fug, l'autre cassa.* « Le levrier court, le lièvre aussi ; l'un par peur, l'autre par goût ; l'un fuit, l'autre chasse. » C'est notre histoire et celle de dame bourgeoisie. Toutes ses actions naissent de la peur ou

[1] Vauriens.

du mauvais instinct. Nous avons d'autres mobiles. Aussi vous le dis-je de nouveau, Bertrand, pas d'alliance possible entre nous. Quant à moi, je n'aurai ni repos ni trêve que je n'aie envoyé nager dans l'Isle tous ces porteurs de chaperon qui grouillent sur ma tête. Cela n'empêche pas que s'ils veulent, eux et leurs fédérés des villes, nous aider à chasser d'Aquitaine le roi étranger qui s'y tient, et à repousser celui qui cherche à y venir, je leur donnerai paix jusqu'à ce qu'il n'y ait plus de ce côté de la Loire ni genêt ni fleurs. Mais je doute que vous décidiez nos bourgeois. Essayez cependant; les portes vous sont ouvertes et vous trouverez vos hommes. Ils dansent autour du mai.

Malgré cette prédiction sinistre, Bertrand, qu'on ne décourageait pas facilement, se rendit au Puy-Saint-Front. Il était accompagné du jeune Gourdon qu'il avait pris en singulière amitié depuis son beau coup de flèche et qu'il venait de faire son donzel. Ce n'était pas la première fois que le castellan d'Autefort gravissait ces ruettes sales et sombres; mais quelque souvenir qu'il en eût gardé, il s'aperçut, non sans surprise, que Gourdon les connaissait beaucoup mieux que lui. A mesure qu'ils avançaient, il crut saisir, dans le salut respectueux qu'il obtenait partout des bourgeois, des signes d'intelligence adressés à son compagnon.

Ces remarques le frappèrent surtout en arrivant chez le plus influent des consuls. Gourdon paraissait tellement au fait des êtres du logis que, le précédant sur l'escalier, il le mena sans hésiter droit à la chambre de celui qu'ils cherchaient.

C'était un homme de soixante ans au moins, mais fortement constitué et vigoureux comme furent nos pères ; il n'en eût pas annoncé, de nos jours, plus de quarante. Une forêt de cheveux, blanchis à moitié, entourait son front et retombait en flottant sur ses épaules et sur ses tempes. De petits yeux gris étincelants de vivacité et de finesse, des pommettes saillantes et très colorées, caractérisaient cette physionomie, type à peu près fidèle de sa caste. Occupé des soins d'une toilette extraordinaire et les deux manches de sa chemise de cansan [1] relevées jusqu'aux coudes, il arrondissait, avec le peigne, les boucles argentées de sa chevelure et n'avait pas entendu monter.

Au bruit que fit la porte en s'ouvrant, il se retourna et laissa échapper une exclamation de surprise.

— Continuez, maître Pelissier, nous attendrons, dit Bertrand de Born en s'emparant d'une vieille chaire en noyer, nous attendrons que vous ayez fait prendre l'air à votre coffre.

— Le sire de Born est toujours le bien venu à Périgueux, répondit le consul avec force manifestations où la cordialité le disputait à l'empressement. Passant aussitôt sa robe en toute hâte, il s'assit à distance respectueuse; Gourdon sortit, et Bertrand développa longuement dans quel but il avait quitté son caslar.

[1] Toile fine.

Quand un nuage passe entre le ciel et nos têtes, l'ombre ne tombe pas plus promptement sur les coteaux éclatants de soleil que la réserve sérieuse ne tomba sur le front de Pelissier en écoutant les paroles de Bertrand. Une contrainte mal déguisée, un embarras qui allait toujours croissant, se révélèrent dans sa réponse. Ce sujet lui déplaisait évidemment, et, malgré l'adresse avec laquelle il présentait ses idées, forcé, comme le pêcheur de l'Isle, de louvoyer, pour ne rien compromettre, entre le roc et la chaussée, il se sentait à bout d'expédients. Par bonheur, la cloche municipale fit entendre à grande volée son battant de fer.

C'était la meilleure excuse qu'on pût trouver pour rompre l'entretien; il s'empressa d'en profiter et allégua que son devoir l'appelait au conclave [1], où il engagea Bertrand à l'accompagner, assurant que la ville, qui donnait ce jour-là une fête, serait très flattée si le sei-

---

[1] Assemblée municipale.

gneur de Born l'honorait de sa présence. Tout ce que celui-ci put en tirer, ce fut la promesse de faire connaître ses propositions au conseil.

Chemin faisant, dans l'intention presque transparente de couper court à toute conversation sur ces matières, Pelissier se hâta de lui expliquer la nature de la solennité dont il allait être témoin.

Il s'agissait de ces redevances bizarres que le moyen-âge comprit long-temps parmi ses trésors de bonheur les plus doux, et qui possédaient le privilége toujours nouveau d'éveiller la joie dans le cœur du peuple.

La foule rassemblée autour du prétoire communal en disait plus, du reste, touchant la nécessité des spectacles de ce genre, que toutes les raisons du consul.

Leur arrivée fut saluée par les plus bruyantes acclamations, et lorsqu'ils entrèrent dans la salle, Bertrand se vit accueilli comme pas un noble ne l'aurait été. Pelissier ne prit que le temps d'annoncer qu'il consentait à partager leurs plaisirs, puis tous se mirent en marche au carillon étourdissant des cloches.

Devant, s'avançaient les archers couverts de belles casaques de drap écarlate, et les officiers de la ville; ils étaient suivis de deux trompettes soufflant de toute leur force dans les tubes d'argent. Venaient ensuite les consuls, vêtus d'écarlate et de drap noir avec des fourrures d'hermine. Le clerc de la ville escorté des plus notables citoyens fermait le cortége.

On se rendit dans cet ordre sur une petite esplanade en triangle située au midi, et, chacun ayant pris place selon sa valeur sociale, la fête commença.

Les trompettes firent d'abord retentir tous les échos de la vallée et des remparts de leurs joyeuses fanfares; puis le clerc de la cité appela d'une voix chevrotante:

— Guillelma Jauzeran!

A ce nom, une jeune femme sortit de l'andeix; on désignait par ce mot un bâtiment octogone, soutenu au milieu par un pilier de pierre, circulairement par des barres de fer scellées dans le sol, et qui servait de marché. Les consuls se tenaient d'ordinaire sous sa petite coupole de plomb pour surveiller les poids et mesures, et maintenir la bonne foi dans les transactions.

Cette femme, habillée avec une certaine élégance, portait une robe longue et toute d'une venue, serrée en guise de ceinture par les bouts d'un manteau retombant de son cou et se déployant sur ses épaules ; elle avait le front serré d'un ruban de velours, un couvre-chef de toile blanche comme la neige, de longs et doux regards à damner tout le Puy-Saint-Front.

— Guillelma Jauzeran, reprit le clerc en appuyant son nez sur le fameux registre vert : » La femme mariée deux fois est tenue de » payer un pot de terre avec treize bâtons de » divers bois et arbres portant fruit. »

Guillelma déposa sa redevance, avec des joues plus rouges que la robe des illustres consuls.

Pelissier prit alors le pot de terre et le planta sur un but, à l'extrémité de l'esplanade. Aussitôt une centaine d'individus, placés à distance et les yeux bandés, entreprirent de le casser en y lançant successivement les bâtons. Comme il est d'usage en ces bonnes réjouissances publiques, les tentatives infructueuses des concurrents faisaient pousser des cris de joie à la foule. Enfin, après une longue attente, le pot vola en éclats sous le bâton lancé par un des archers de la ville. Le vainqueur en apporta tout fier les morceaux aux pieds des consuls, et ceux-ci lui payèrent, pour son souper, ainsi qu'il était porté au registre, deux sols six deniers.

La voix du clerc s'éleva une seconde fois sur le même ton aigu et tremblant :

— Eschileta Jozi !

— La voilà, répondit hardiment une vieille de soixante ou soixante-dix ans.

— « La femme du quatrième mari doit à la
» cité une maison sur la rivière de l'Isle de
» treize chevrons, dans laquelle entreront

» treize hommes habillés de blanc aux dépens de
» ladite femme. »

La vieille lui remit une clef.

— Bien, Eschileta, dit le clerc en faisant la grimace! Pour le cinquième, vous ne devrez qu'une cuve de fiente de géline blanche.

Après ce sarcasme, précédé des trompettes et suivi des hommes vêtus de blanc qui dansaient en se tenant la main autour de la mariée, il alla, au bruit des rires et des huées de la populace, prendre possession de la maison. La fête se termina au prétoire consulaire par un grand repas, où Bertrand de Born et son donzel occupèrent les places d'honneur.

Mais ce n'était pas pour assister à ces jeux que le premier avait quitté son château, ni pour passer la nuit à boire le vin de la ville. Dès que la cloche suspendue sur sa tête dans la tour du prétoire eut sonné le couvre-feu, il fit un signe significatif à Pelissier.

Le consul, s'exécutant de meilleure grace qu'on n'aurait dû s'y attendre d'après ses répugnances personnelles, exposa très-fidèlement les vues de Bertrand et l'entreprise où il voulait engager la ligue des cités. Quand il eut fini, tous le regardèrent. Le plus âgé, consultant alors ses voisins, interpella nominativement Pelissier et lui demanda ce qu'il pensait à ce sujet.

— Je pense que nous ne devons ni ne pouvons entrer dans cette guerre.

—Tel est notre avis, sire d'Autefort!

— Bourgeois, dit Bertrand, écoutez-moi : Dieu avait donné à nos pères la terre où nous sommes, et leurs fils l'ont perdue.

L'homme du Nord s'est abattu comme un faucon sur nos montagnes, et nous les lui avons cédées en fuyant comme des perdrix timides. Honte sur les Aquitains! C'est pour l'étranger que nos bœufs labourent, que nos femmes filent, que notre moisson jaunira, que nos chênes croîtront dans les garrics [1]. Nos sueurs et

[1] Garennes.

notre sang sont pour lui. Vous n'allumez pas votre feu, vous ne sillonnez pas un chemin avec vos charrettes, vous ne jetez pas un grain de sel dans votre pain sans payer tribut à l'étranger! Est-ce juste, bourgeois? — Est-il bien que l'enfant ne soit pas le maître dans la maison de son père? — Des barbares dont nous n'entendons même pas la langue pèsent sur nos fronts et les courbent jusqu'à l'obéissance la plus vile!

Qu'est devenue notre Aquitaine? qu'est-elle devenue cette patrie si puissante et si belle qui, assise autrefois sur les Pyrénées, touchait de sa main l'Océan et baignait ses pieds dans la Loire? — Immobile et froide comme un cadavre, les mains en sang et le sein meurtri, elle sert de marchepied au trône d'un Normand! — Et cependant, bourgeois, les membres de la grande famille d'Oc sont vivants et robustes! — De Bayonne à Poitiers, mille bannières pourraient se déplier pour notre cause! Nous voici dans ce Périgord si cher à nos pères parce qu'ils y trouvaient du fer pour leurs ennemis. Nous descendons de ces Gaulois à l'ame forte, qui combattirentt rois cents ans et perdirent treize cents villes avant de céder aux Romains. J'ai mal et tristesse à l'ame toutes les fois que j'arrête ma pensée sur ces choses, toutes les fois qu'il me souvient du beau pays où nous devions vivre indépendants, et que nous avons laissé tomber en esclavage. Puis le front me brûle en voyant arriver tous les ans de Londres ce bailli insolent qui vient chercher au nom d'un Anglais le fruit du travail de toute une nation, condamnée douze mois aux fatigues comme la bête de somme ; douze mois à la misère comme la mendiante, pour enrichir un maître inconnu !

Je voudrais donc briser ce joug que nous portons aussi docilement que nos taureaux, ne plus payer la courroie qui nous lie ; affaiblir, en les mettant aux prises, le roi d'Angleterre par le roi de France, l'étranger par l'étranger, Henri par ses fils ! Je voudrais, bourgeois, que tous les hommes du Midi, en quelque place qu'ils soient nés, unissent leurs bras et leurs ames, et marchassent au même cri, parce que les chevaux des Français ne brouteraient plus les blés verts de nos plaines, parce que l'eau de nos rivières ne serait plus tachée par le goudron des vaisseaux anglais!

— Sire de Born, répondit Pelissier, aucun de nous ne met en doute la loyauté de vos intentions et le désintéressement qui passe à coup sûr de votre cœur dans vos projets. Mais tout en les supposant venus à bien, quel avantage en retirerions-nous? Si le bailli de notre seigneur Henri II ne passait plus pour exiger les tailles, ne verrions-nous pas le bailli d'un autre? Si les routiers du père n'opprimaient plus le pauvre, ne seraient-ce pas ceux du fils?

Écoutez, sire de Born :

En changeant de gouvernement, le peuple ne fait que changer de maître.

Nos anciens contaient à ce propos cette fable très-sage :

« Un vieillard qui faisait paître son âne,
» entendant tout à coup venir les ennemis, lui
» conseilla vivement de fuir pour éviter tous
» deux d'être pris. Mais lui, allant son pas tran-
» quille : Me feraient-ils porter double charge,
» demanda-t-il? — Le vieillard dit que non :
» Que m'importe alors qui je serve, puisque je
» dois toujours traîner mon bât. »

— Est-ce là votre dernier mot, bourgeois?

— C'est le dernier.

—Adieu donc, et que la malédiction du ciel tombe sur votre ville!

— Je vous l'avais bien dit, répondit Taley-rand, quand il fut de retour dans la cité ; ces chiens ne chassent que pour leur compte. Mais patience! un jour viendra où, comme chante votre sirvente :

> A Peiraguers pres del muralh,
> Si que y poirai lansar ab malh,
> Venrai armat sobre bayart,
> Et si'eu treup lo borges pifart,

Sabra de mon bran cum talha
Que sus el cap li farai bart
De cervel mesclet ab mailha.

A Périgueux, près du murail,
Quand on pourra lancer le mail,
J'irai monté sur mon bayart,
Et si je vois bourgeois pifart,
De mon sabre de bataille
Fendant son front de part en part,
Je mêle cervelle et maille!

En attendant, voici des nouvelles; le jeune roi est arrivé à Limoges, le vicomte prend les armes, et les Gascons marchent déjà sur Agen; il est temps d'ouvrir l'arsenal, il est temps d'attacher les sonnettes au faucon.

Au point du jour, je pars pour Limoges; ayez soin que nos chevaux soient prêts!

— Ils le seront, et puisse le cri de mes pères donner victoire à notre cause! Périgord, Dieu aide aujourd'hui à chasser l'Anglais d'Aquitaine! Périgord, Dieu aide demain à balayer tous ces bourgeois dans l'Isle!

ACHITOPHEL.

Sappi che' i' son Bertram dal Bornio quelli
Que diedi al re giovane i ma' conforti.
I' feci l'padre et l'figlio in se ribelli.
Achitophel non fe piu d'Absalone
E di David co' malvagi pungelli.

Sache donc que je suis Bertrand de Born. C'est moi
Dont les mauvais conseils poussaient le jeune roi;
Moi qui fis batailler le fils contre le père.
Achitophel n'en fit pas plus pour Absalon
Et pour David, avec sa langue de vipère.

(DANTE ALIGHIERI, *Enfer*, ch. XXVIII.)

CHAPITRE X.

Achitophel.

Bertrand ne fut pas plutôt seul avec Gourdon, sur la route de Limoges, qu'il mit pied à terre et lui dit :

—Savais-tu, en venant dans mon camp, à quels devoirs s'oblige celui qui se range sous ma bannière ?

— A être brave, loyal et obéissant au baron

en tout ce qui ne blesse pas les lois de l'honneur, répondit le donzel étonné de cette apostrophe.

—Parle donc franchement: depuis quel temps connais-tu si bien les bourgeois du Puy-Saint-Front?

— Pelissier était autrefois le bailli du comte de Turenne et notre voisin. Il existe entre mon père et lui une sorte d'amitié à laquelle je suis habitué depuis l'enfance.

—Très bien, jeune homme; maintenant, dites-moi si c'était pour renouer cette amitié que vous êtes entré cette nuit dans la tour Mataguerre?

Le rouge monta au visage de Gourdon.

— Ami, continua Bertrand d'un ton sévère, nul ne peut servir deux maîtres, et si tu avais un bras chez les bourgeois et un bras chez ton baron, voilà le chemin du Quercy !

— Me croyez-vous capable d'une trahison, monseigneur?

— Jamais encore, à ma connaissance, un Gourdon n'en avait été accusé ; mais l'air du siècle est si mauvais et tourne tant de têtes, que l'ami ne peut plus compter sur l'ami, le fils sur le père!

Qu'allais-tu faire dans la tour avec les bourgeois?

— Donnez-moi votre foi, monseigneur, et bien que ce secret ne soit pas à moi seul, je vous le confierai sans crainte.

— Parle!

— Les hommes qui se sont réunis cette nuit dans la tour y étaient pour deviser de la croyance nouvelle. Et si je m'y suis rendu avec eux, c'est que comme eux je suis Vaudois!

— A ton âge?

— Christ n'a-t-il pas dit en son vivant: « Laissez les plus jeunes venir à moi? »

— Prends-y garde, Gourdon: il y a mille ans que l'église est bâtie et mille ans qu'elle dure.

— Plus l'édifice est vieux, plus il menace ruine.

— D'autres y ont porté le pic, mais quand

on en touche la base, il s'en détache au sommet des pierres qui brisent le front des mineurs.

— Au hasard, monseigneur, reprit Gourdon de sa voix insouciante; mais vous ne me soupçonnez plus, n'est-ce pas ?

— Je ne te soupçonne plus, mais je voudrais te voir prendre une autre voie. Chacun appartient à son peloton ici-bas. Ta vie se déroulait sur le peloton de soie, et mal t'en prendra, je le crains, si tu te mets à l'en sortir brusquement pour la mêler au peloton de laine.

Cette conversation eut pour résultat de jeter un voile sombre sur l'esprit du trobador, en lui montrant vers combien de points opposés à son but se dirigeaient les idées. Plus taciturne encore que d'habitude, tout le jour il rêva aux difficultés de la tâche qu'il s'était faite, et le soleil se couchait derrière les maisons de Corbefy, qu'il n'avait secoué ni la tristesse qui courbait son front, ni l'angoisse secrète qui pressait son ame.

Quant à Gourdon, comme le jeune poulain

qu'on voit courir dans la prairie rejetant son fardeau, quel qu'il soit, pour bondir plus vite et plus à l'aise, il s'était promptement délivré de la mauvaise impression du matin, et ne songeait en ce moment qu'aux deux instincts physiques du voyageur : besoin de repos et besoin de gîte. Il y songeait même pour deux; et c'était raison, Bertrand ne paraissant pas y songer du tout. Il y avait cependant lieu de s'en occuper, attendu la physionomie menaçante du temps. Car la nature n'est pas (et Dieu en soit loué!) comme la femme de Socrate : toutes les fois qu'elle va jeter de l'eau, elle avertit.

Or, ce soir-là, il fallait être absorbé comme l'était le trobador pour ne pas la comprendre.

Un large rideau de vapeurs venait de couvrir le couchant, le ciel condensé comme un seul nuage semblait s'être abaissé. On sentait une chaleur étouffante, et de temps en temps tombaient à travers les branches immobiles des arbres de grosses gouttes de pluie.

— Voilà l'orage, dit Gourdon, en regardant son maître!

Celui-ci, ayant levé la tête, appuya vivement l'éperon sur les flancs de son cheval; mais il était trop tard.

Une grêle de pluie se mit à tomber épaisse et forte et à rejaillir avec bruit sur le chemin durci par l'été. Bientôt le tonnerre roula sur leurs têtes; la nuit la plus obscure les enveloppa soudain, et des nuages entr'ouverts par les explosions électriques les ondées s'échappèrent à vastes torrents.

Pas de toit, pas d'arbre, pas même un rocher à face saillante pour chercher momentanément un abri. L'orage redoublait de violence, le ciel fondait en eau, et dans la plaine rase et nue nos deux cavaliers étaient forcés d'avancer bon gré, mal gré, ployés sous le vent et l'averse.

Ce ne fut pas encore la seule misère qu'ils eurent à supporter. L'obscurité devint en peu de temps si profonde, qu'ils ne marchaient plus qu'à tâtons. Souvent ils s'arrêtaient afin d'écouter le bruit des pas de leurs chevaux et s'assurer qu'ils n'avaient point quitté la route, et lorsque le pavé de l'ancienne voie romaine venait à leur manquer et qu'ils entraient dans une flaque d'eau, vous les auriez vus sans mouvement, attendant la lueur rapide des éclairs. Deux heures ils marchèrent ainsi à l'aventure ; malgré toutes leurs précautions, ils s'étaient égarés, et le maître n'aurait pas dit mieux que le donzel sur quel point ils se trouvaient, quand une ligne de lumières brilla à leurs pieds.

Ils s'approchèrent et entendirent le bouillonnement d'une rivière ; alors Bertrand de Born rompit ce silence obstiné qu'il gardait depuis le matin.

— Nous voici à Chalus, dit-il assez haut pour que le donzel saisît ses paroles dans le bruit toujours croissant de l'orage, Adhémar n'est pas notre ami, et ses hommes le savent ; mais, d'un autre côté, cet enfant et ces chevaux ont assez souffert. Gourdon !

— Monseigneur ?

— Ces tours appartiennent au vicomte de Limoges : veux-tu m'y suivre?

— Par cette affreuse nuit, j'accepterais l'hospitalité du diable lui-même !

Sans en demander davantage, Bertrand lança son bayart dans la Tardoire, et, fendant des flots d'écume qui montaient jusqu'au poitrail du cheval, il arriva suivi de Gourdon devant le château dont les portes s'ouvrirent subitement à son nom.

Il s'attendait, en entrant dans le vestibule, à une réception peu amicale : loin de là, hommes d'armes et serviteurs s'inclinèrent avec respect ; mais quel ne fut pas son étonnement de voir venir à sa rencontre un jeune homme qui portait une torche dans sa main droite et de l'autre se voilait le visage.

Après l'avoir examiné quelques minutes, Bertrand se tourna froidement vers les archers qui gardaient la porte et demanda quel était ce mystérieux personnage.

Personne ne répondit : le jeune homme, éclatant de rire et baissant aussitôt sa main, se plaça devant lui.

C'était Henri au court mantel, le fils aîné du roi d'Angleterre.

Un cri de surprise et de joie échappa à notre baron.

— Ah! ah! dit le prince Henri, tu es pris cette fois, toi qui te vantes de prendre tous les autres! Mais, par la tête de ma mère, dans quel équipage tu nous arrives, mon pauvre Bertrand! Jamais canards sauvages, en sortant de mes marais de Jumiéges, ne furent trempés comme vous deux. Vite, des robes, vite, des chemises de cansan, vite, du feu, et hâte-toi, Bertrand, car j'allais me mettre à table ne sachant pas que Notre-Dame de Rocamador m'envoyait un si bon convive. Graces lui soient rendues, au reste, ajouta-t-il de manière à n'être entendu que de lui seul, elle m'épargne la moitié du chemin; j'allais à Autefort.

Tandis qu'on exécute ses ordres et que Bertrand et le donzel échangent contre des habits pris dans sa propre garderobe ceux que la pluie a collés sur leur corps, nous demanderons la parole à nos lecteurs pour un petit éclaircissement.

L'amitié la plus étroite unissait le prince et le trobador. Ils vivaient dans une familiarité excessive, et telle était l'influence exercée par Bertrand sur le jeune roi (qu'on désignait généralement ainsi depuis son association au trône), que, sachant la volonté du premier, on connaissait complètement celle du second. Le vieux roi n'ignorait pas cet ascendant, et lorsque le prince Henri troublait son repos par des rébellions ou des folies de jeunesse, il attribuait le tout à l'instigation pernicieuse du baron d'Autefort. Malheureusement pour la mémoire de ce dernier, nous sommes obligé de nous ranger à l'avis d'Henri II, et de dire comme le grand poète qui ouvre ce chapitre : que Bertrand de Born ne perdait aucune occasion de semer la discorde entre le fils et le père.

Quelque bonne envie qu'il en eût dans cette

occasion, il ne put cependant tomber sur ce sujet favori, tout le temps qu'on passa à table. Henri éluda chaque allusion et coupa court à toute conversation sérieuse jusqu'à ce qu'ils fussent retirés dans sa chambre.

Figurez-vous une grande pièce carrée avec une seule croisée en ogive, au midi : les vitraux étincellent de reflets bizarres à la lumière qui se projette faiblement en dedans sur les trèfles de pierre et aux éclairs qui les lozangent de leurs traits de feu en dehors. La main des aïeules d'Adhémar a brodé la tapisserie qui pend de ces murailles. On croit reconnaître la vie de saint Martial, premier apôtre de l'Aquitaine, grossièrement retracée sur la laine et la soie. D'un côté, le saint évêque est représenté, haut de deux pieds, abattant la statue de Mercure dans un temple païen, et substituant à l'idole l'image du martyr Etienne. En face, il baptise un illustre décurion de Limoges converti par Zachée et sa femme Véronique. A droite de la porte, il est renfermé dans la prison et battu de verges sous les yeux des prêtres idolâtres. Enfin, plus loin, on trouve une ronde de moines dansant autour de son tombeau et des caractères romans à demi effacés qu'on peut traduire par ces paroles :

Saint Martial, priez pour nous,
Nous nous chargeons de sauter pour vous.

L'ameublement répond à ces premiers indices de magnificence féodale. Des tables surdorées *de ce travail si précieux de Limoges*, des bassins de cuivre à têtes de léopards, des coffres ornés d'or émaillé brillent le long des murs. Dans un coin de la salle s'élève entre quatre colonnes massives montant jusqu'à la voûte le lit des vicomtes, qu'Henri partage avec Bertrand, marque la plus grande d'attachement qu'on pût donner à ses amis dans ce siècle. Mais le donzel du prince a déposé sur la table d'airain placée au chevet le vin épicé tout fumant encore; maintenant qu'il se retire en faisant craquer sous ses pieds la paille épaisse et menue qui jonche le pavé, maintenant que la porte a battu contre les linteaux de pierre, Bertrand va contenter son impatience.

— Eh bien ! Marinier (c'était un surnom familier qu'il avait donné au jeune roi, comme il appelait Richard son frère *oc et no*, oui et non), où en sont nos affaires ?

— Au diable ! répondit Henri.

— Comment donc ?

— Ma folle de mère a tout perdu !

Bertrand bondit en sursaut plus pâle que le linceul qui se déroulait sur son sein.

— Que me dis-tu là ?

— Une malheureuse vérité : tous nos plans sont anéantis, tous nos amis consternés ou en fuite....

— Et ta mère ?

— Dans les fers.

Bertrand se leva, prit sa robe, puis les bras

croisés avec force sur sa poitrine, tandis que l'orage secouait violemment les vitraux, il écouta en se promenant le récit d'Henri.

— Les mesures dont tu étais convenu à Bordeaux avec la reine avaient été préparées dans le plus grand secret et avec le plus grand succès. Leicester arrivait à Londres suivi de ses Flamands; Roger de Mowbray y était déjà à la tête de tous les barons du Yorkshire. Ferrers et David d'Ecosse nous amenaient une armée nombreuse; Bigod s'était même emparé du château de Norwich; on n'avait plus qu'à donner le signal enfin, mais ce soin revenait à ma mère, et compter sur l'esprit d'une femme, n'est-ce pas compter sur la glace d'une nuit?

La veille du jour où devait éclater le complot, elle était à Woodstok-Park, et moi je l'y avais accompagnée, ne sachant, comme à l'ordinaire, à quel dessein elle venait là. Au tomber de la nuit, je la vis entrer dans le château; fatigué de l'attendre, après six heures de patience, je montai les escaliers et mis le pied dans cet édifice merveilleux que mon père avait construit pour sa maîtresse. Un fil de soie que je trouvai attaché à la porte me guidait dans ces inextricables détours. Tout à coup j'entendis un cri dans le lointain, un cri déchirant... puis tout retomba dans le silence. J'écoutais saisi de terreur, des pas retentirent sur les dalles des corridors, ils se rapprochèrent précipitamment, et je me trouvai face à face avec ma mère....

Ses mains étaient sanglantes.

— Elle avait tué Rosamonde? dit Bertrand à voix basse.

— Elle l'avait tuée!

— Dieu l'absolve! Mais comment ce meurtre a-t-il renversé nos projets?

— Je ne t'ai pas dit que mon père, averti trop tard, accourait à toute bride de Londres. Ne retrouvant plus qu'un cadavre, il tomba dans une démence furieuse, poursuivit la reine, la fit charger de chaînes, conduire au château de Salisbury, et jura devant nous, par les yeux de Dieu, qu'elle y mourrait. Ma mère captive, personne n'osa remuer. Richard et Geoffroi parurent se soumettre, et moi, partant secrètement avec Marguerite, je suis venu chercher asile en France, à la cour de mon beau-père Louis.

— Et à présent, Marinier, à présent, que vas-tu faire?

— Attendre des circonstances meilleures.

— Vraiment! et c'est pour nous annoncer cette nouvelle que tu as traversé la Loire! Tu peux retourner à Paris ou en Lombardie et y passer tes jours au tournoi, tes nuits à la fête. Les barons du Midi ne sont pas comme les lords d'Angleterre : quand leur cheval est sellé et bardé pour la bataille, ils le montent, et ce n'est pas une mauvaise nouvelle qui leur fait quitter les étriers. Nos pennons sont déployés, nous ne les roulerons pas de nouveau autour de la lance parce qu'une femme est dans la tombe et qu'une autre est en prison.

— C'est que le nom d'Aliénor nous valait une armée, Bertrand!

— Le bruit de ses fers soulèvera tout le continent : pas de noble qui reste dans sa tour, pas de vassal qui ne laisse son champ quand il s'agira de combattre pour la fille de l'Aquitaine. Ces bourgeois égoïstes et sourds à notre appel nous rejoindront en masse, car celle-ci est réellement la cause nationale; grâce au ciel, grâce à la vengeance d'Henri, celle-ci devient la cause de tous !

— Mais par quels moyens compenseras-tu ceux que nous perdons?

— Des moyens, Henri? tu en as les mains pleines : n'es-tu pas couronné roi d'Angleterre? Eh bien ! que le roi de France, ton suzerain convoque ses grands vassaux et ses évêques, et leur fasse jurer de te soutenir. Voici le sceau royal, enchaîne tes partisans par des concessions de terres et de dignités : par les liens les plus forts en ce monde, l'intérêt et l'amour-propre.

Donne le comté de Kent à Philippe de Flandres.

Le Northumberland au roi d'Ecosse.

La seigneurie de Lincoln au comte de Boulogne.

Amboise et Château-Renaud à Thibault de Blois.

Gagne le pape par l'espoir d'une soumission future sans bornes, et tu verras si les bras te manqueront dans la lutte.

— Moi, j'aurais attendu, mais tu me décides.

— Va, Marinier, Dieu fit le succès pour les audacieux. Les contre-temps d'ailleurs ne sont que des bourrasques passagères,... Tout à l'heure l'orage ravageait la campagne et sifflait avec rage contre ces murs; regarde comme l'air est calme, comme le ciel est serein, la journée demain sera superbe; à l'œuvre donc, à l'œuvre tout de suite, et n'oublions pas que le sort ressemble au vent: il a beau souffler en sens contraire, le pêcheur le force à gonfler sa voile et à la faire avancer contre lui-même.

Pendant que Bertrand de Born jouait ainsi le rôle de Satan dans le Paradis terrestre, son donzel se reposait des fatigues du voyage à l'autre extrémité du château. On l'avait placé dans la tour qui existe encore à Chalus, vers la ville basse, et il y aurait joui de ce repos profond que verse libéralement la jeunesse si un rêve pénible et lourd n'était venu troubler son sommeil.

Soit que les avertissements sérieux de son maître touchant l'hérésie eussent germé dans son cerveau, soit qu'un souvenir mêlé de remords l'eût reporté précédemment vers les premières années de son enfance, il lui sembla voir son grand-père vêtu en pélerin. Le vieillard s'arrêta au bord de son lit, et, le regardant d'un air sévère, lui montra par trois fois la croix rouge cousue sur son épaule. Puis Gourdon se sentit le corps plein d'une affreuse lèpre, et le spectre promenait sur lui sa main de squelette. Or, à chaque attouchement de ces os glacés, la peau du jeune homme se détachait avec une douleur aiguë, presque aussi vive que la réalité. Ce cauchemar dura jusqu'au jour : alors, l'apparition murmura distinctement ces mots menaçants : « Mort à l'hérétique ! » Et Gourdon se réveilla, tout haletant d'horreur, tout baigné d'une sueur froide.... Mais il n'aperçut d'autre fantôme dans sa chambre que le donzel du prince Henri, et n'ouït d'autre bruit que ces cris mille fois répétés au son des trompettes :

La guerre ! la guerre !

LA GUERRE.

Guerra vol c'om sanc espanda,
 E c'om fuec n'abras,
 E que ja non sia las
De donar ni mettre à ganda.

Guerre veut sang et carnage,
Qu'on brûle tout sur ses pas,
Et qu'on ne soit jamais las
De donner ou mettre en gage.

(BERTRAND DE BORN.)

CHAPITRE XI.

La Guerre.

Comme à la cour d'assises où on laisse déposer les témoins sur les faits qu'ils ont vus, laissons maintenant raconter à l'histoire les événements recueillis par elle.

Toutes choses étant réglées ainsi que l'avait conseillé Bertrand, les trois fils d'Henri II se révoltèrent ; ils prirent pour prétexte la captivité d'Aliénor. Leur étendard fut à peine levé que les lords principaux d'Angleterre se rallièrent autour de ses plis. Cette rébellion éclata sur tous les points, comme un coup de tonnerre. Le roi d'Ecosse l'appuyait outre mer, le roi de France en Normandie. Trois armées fondaient à la fois, l'une dans ce duché, les deux autres en Bretagne et en Guyenne. Les grands vassaux de France s'engageaient par serment à ne point rentrer dans leurs châteaux, qu'ils n'eussent mis le jeune roi sur le trône de Londres.

Dans ce péril, le fils de Mathilde, s'armant de toute son énergie, part d'Irlande, débarque en Normandie et fait reculer, en paraissant seulement devant son camp, le roi de France qui venait de brûler Verneuil. Pendant ce temps, le comte de Chester, l'un des chefs des rebelles, entrait en Bretagne; le roi d'Ecosse, réuni à Leicester, se jetait sur le Northumberland, et le jeune Lavardin soulevait la Touraine.

Henri II ne se déconcerte pas, il vole en

Bretagne : trois jours lui suffisent pour emporter Dol et prendre le comte de Chester, qui s'y était enfermé. La fortune ne le favorisa pas moins en Angleterre. Son connétable Humphrey battit le roi d'Ecosse et Leicester qui, en demeurant prisonnier, laissa dix mille Flamands couchés sur le champ de bataille. Alors le roi de France, qu'effrayaient ces succès, essaya d'en neutraliser les résultats au moyen de feintes négociations. C'est, comme on fait presque toujours en pareil cas, la ruse et la mauvaise foi qu'il opposa au courage et à la victoire. Une entrevue fut ménagée à Gisors entre le vieux roi et ses enfants. Désireux d'avoir la paix, Henri se mit, pour ainsi dire, à leur merci. Il offrit de partager avec son fils aîné les revenus de l'Angleterre ou de la Normandie, à son choix, et avec Richard ceux de l'Aquitaine. Ce n'était pas le compte de Louis; aussi eut-il soin de remuer hypocritement tous les levains de haine et de défiance, et de semer entre eux une irritation telle, que la conférence se rompit brusquement sans résultat. Henri II se retira ulcéré de douleur de quitter ses enfants sous la bannière de son ennemi.

Il attendit néanmoins jusqu'à la fin de novembre 11..., mais le repentir ne venant point dans le cœur des princes, Henri ne voulut pas laisser finir l'année sans frapper un coup de vigueur. Entrant dans la Touraine, il reprit une à une les places que le jeune Lavardin lui avait enlevées, et l'assiégea lui-même dans Vendôme. Lavardin fit une défense héroïque; son propre père l'engageait à se rendre, il le chassa de la ville, mais il avait affaire au premier capitaine du siècle, et toute son ardeur fut inutile : huit jours ne s'étaient pas écoulés que Vendôme et son défenseur étaient au pouvoir d'Henri.

Sur ces entrefaites, le roi d'Ecosse tenta une diversion de l'autre côté du détroit. A la nouvelle de son soulèvement, Henri vole en Angleterre, il accourt en toute hâte à Northampton, et voici qu'en entrant dans la ville par une porte, il trouve quatre lords fidèles, Mandeville, Sotteville, de Vescy et Baillol qui arrivaient par l'autre, à la tête d'une armée nombreuse.

— D'où venez-vous? leur dit le roi, surpris de la tenue fière et martiale de ces troupes.

— De battre le roi d'Ecosse!

— Et pourquoi n'êtes vous pas à sa poursuite?

— Regardez, sire!

Le premier rang avait achevé de défiler, et Henri vit le roi d'Ecosse garrotté en travers sur son cheval.

On lui fit traverser en cet état tout le Northumberland; partout les rebelles frappés de terreur se soumirent. Henri gracia tout le monde, et emmenant le roi d'Ecosse, il courut au secours de Rouen assiégé et serré de près par ses enfants et le roi de France.

Celui-ci se flattait de l'espoir de prendre bientôt possession de la place sous le nom de son gendre, lorsque du haut de la montagne Sainte-Catherine, où flottait son pavillon, il aperçut des voiles remonter la Seine ; presque aussitôt un hérant se présenta de la part du roi d'Angleterre, et le somma de lever le siége. Louis, n'osant lutter contre le vainqueur, obéit.

Après avoir agi en roi, Henri agit en père. Quelques officiers de ses enfants avaient été faits prisonniers, il les leur renvoya chargés de présents, en leur promettant le pardon le plus large s'ils venaient le chercher dans ses bras ; il fit supplier Louis de ne plus mettre obstacle à la paix ; avances et prières, tout fut rejeté.

Alors le roi, décidé à en finir, marche en Aquitaine où la révolte avait été générale. Les confédérés l'attendaient en Poitou. Gilbert, l'évêque de Londres, vint bien leur porter des propositions d'accommodement très-avantageuses, mais Bertrand de Born était là, le heaume en tête ; elles n'eurent aucune suite, et il fallut en venir aux mains. Ici nous manquons totalement de détails sur la bataille et la manière dont elle fut livrée et soutenue ; il faut croire cependant que l'action dut être vive et meurtrière, et la perte des insurgés grande, puisque Richard, le fier Richard s'empressa le premier de parler de soumission.

Ce mot, que les princes s'étaient antérieurement engagés à ne jamais prononcer, excita de vifs débats parmi les barons du midi. Angoulême et Limoges se plaignirent tout haut, mais malgré leurs murmures, Henri au court mantel se rendit avec ses deux frères au Mans : ils s'allèrent jeter aux pieds du roi, qui leur pardonna. Trop tard avertis, les barons ne purent empêcher cette réconciliation, et il ne leur resta plus qu'à envoyer un des leurs à Amboise, afin de tâcher de se faire comprendre dans le traité qu'on y savait sur le chantier politique.

Le choix tomba naturellement sur Bertrand de Born, le plus capable de défendre leurs intérêts communs par son énergie et sa connaissance des hommes et des choses. Celui-ci accepta la mission et vint à Amboise.

Il y a mille occasions dans la vie où la vue des personnes que nous aimons le plus nous affecterait désagréablement, toutes les fois, surtout, que la surprise est de nature à se changer en reproches et en remords. Aussi l'impression que reçut le jeune roi de l'arrivée de son ami tenait-elle beaucoup de celle qui émeut Jaffier, dans la tragédie, quand il rencontre ce brave et loyal Pierre que sa trahison envoie à la roue.

S'armant toutefois d'une fermeté factice, Henri entreprit de se disculper, mais Bertrand l'interrompit d'un ton glacial :

— Prince, je viens pour affaires.

— Ne puis-je les savoir?

— Mes lèvres ne doivent s'ouvrir que devant le roi d'Angleterre ; or, il n'y en a plus qu'un maintenant, et il n'est pas ici.

— Venez donc, dit Henri blessé du sarcasme, mais le front rouge de confusion ; je vais annoncer à mon père que vous attendez son bon plaisir; et, poussant la porte, il entra dans la salle où Louis-le-Jeune et le Plantagenet discutaient avec ses frères les clauses d'un traité.

Tout le temps que prit la rédaction de cette espèce de pacte de famille, Bertrand le passa appuyé silencieusement dans l'embrasure d'une croisée; immobile, couvert de fer, le nasal baissé sur son visage, il eût rappelé les statues des anciens chevaliers, droites et raides sur leurs tombes (car lui aussi était debout en ce moment sur le tombeau où l'on scellait la nationalité de l'Aquitaine), si les éclairs que lançaient ses yeux n'eussent trahi l'agitation de ses pensées.

La porte s'ouvrit enfin ; Henri au court mantel reparut, et balbutia d'une voix embarrassée :

— Mon père refuse de voir l'envoyé des barons, voici la copie d'un traité qu'il leur adresse en leur ordonnant de se soumettre.... Moi, je les en supplie; toute résistance est superflue.

Sans répondre un mot, Bertrand déploya le parchemin et lut:

« Il est convenu qu'Henri au court mantel se
» contentera d'une pension (équivalente à
» quinze mille francs de notre monnaie), et de
» deux places en Normandie, où il pourra mettre
» garnison.

» Que Richard aura la moitié des revenus du
» Poitou avec quelques villes dans le comté.

» Que Geoffroi (le troisième fils) possédera
» la moitié de la Bretagne.

» Il est stipulé en outre que Richard épou-
» sera Alix, fille du roi de France, et que cette
» princesse, trop jeune encore, sera élevée à la
» cour d'Angleterre. »

Henri s'attendait à une sortie terrible, il ne dit rien, plia le traité, et lui donnant en échange un rouleau de ce parchemin à vignettes dorées dont se servaient les trobadors, il sortit sans même jeter les yeux sur lui.

Atterré sous ce mépris, le prince lut à son tour, une rougeur brûlante au front, dans le parchemin qu'il lui laissait :

>Pour faire le sirvente, il ne faut que j'attende [1] ;
>Il faut que je le crie et que je le répande.
>Hélas ! j'en ai raison si nouvelle et si grande !
>Voici le jeune roi qui n'a plus de demande
>A former. Le vouloir de son père le mande !
> Il est bien forcé, n'est-ce pas ?
>Puisque seul, ô Henri, tu n'as lieu ni commande,
> Sois le roi des malvats.

Il y en avait ainsi quatre couplets tous plus amers les uns que les autres, et qui changeaient certes sa couronne nominale en couronne d'épines dont chaque pointe lui perçait le front jusqu'au sang, car il savait que ce sirvente allait voler aux deux bouts de l'Aquitaine en passant par toutes les bouches. Mais que nous importent ses regrets tardifs ? à chacun le fruit de l'arbre qu'il planta ! mieux vaut s'occuper

---

[1] D'un sirventes no m'qual far longor gauda...

d'Henri II et de Richard restés seuls dans la salle.

Le père fit entrevoir au jeune comte le but secret d'indépendance qui avait mis les armes à la main aux nobles du sud; après l'avoir convaincu de la nécessité de les plier aussi bas que possible pour que la maison de Plantagenet se consolidât sur des bases inébranlables, il lui persuada facilement de se charger de ce soin. Pareil office convenait à merveille à celui que sa férocité naturelle faisait surnommer déjà Cœur-de-Lion. Richard ne démentit pas l'attente de son père. La ligue des barons, réduite à ses propres forces, tenait toujours; il l'attaqua avec l'armée victorieuse d'Henri, et de combat en combat, d'assaut en assaut, de ravage en ravage, il arriva devant Autefort qui lui avait été signalé comme l'aire de la rébellion.

En Oc et No vol guerra mais
Que no fai negus dels Alguais.

Oui et Non aime plus la guerre
Que ne fait aucun des Algaïs.

(BERTRAND DE BORN.)

CHAPITRE XII.

Oc e No.

— Non, voyez-vous, Fabri, je ne recevrais pas un denier, quand bien même il me le faudrait pour racheter mon âme !

— Bah ! vous changerez de pensée !

— Jamais, tant qu'il me restera un souffle de vie !

L'homme à qui Bertrand disait ces paroles

n'était autre que le vieux et rusé collecteur des tailles du Quercy, maître Fabri de Martel, dont il a été question en passant au commencement de ce livre. Le prince Henri, qui rougissait de sa faiblesse, était venu seul à Bordeaux, et, n'osant reprendre la lance, il l'envoyait porter, sous main, de l'argent à Bertrand pour l'aider à continuer la guerre. Or, c'était cet argent que Fabri s'efforçait de faire accepter au baron par tous les raisonnements imaginables.

— Saints de Dieu! disait-il en joignant ses mains décharnées et fermant à demi ses yeux fauves ; lorsque tant de chrétiens qui n'en ont nul besoin commettraient mille crimes pour avoir ce que je vous offre, refuser! mais avec quoi voulez-vous payer vos soldats?

Bertrand garda le silence.

— Avec quoi les paierez-vous? répéta Fabri en insistant, car il sentait le défaut de la cuirasse.

— Ecoutez, maître, l'argent m'est nécessaire, je ne puis le nier; cependant, plutôt que de toucher à celui de ce Judas, je mettrais en gage ma terre, mon château, mon épée, et mon honneur même ; mais vous qui êtes riche comme la mer, pourquoi ne m'en prêteriez-vous pas ?

— Si vous m'offriez des sûretés suffisantes, peut-être pourrait-on s'entendre.

— J'engage toute la terre d'Autefort.

— Saints de Dieu ! vous me tentez.

— M'en prêtez-vous ?

— Combien vous faudrait-il ?

— Trois cents marabotins d'or.

— C'est beaucoup, mais n'importe ; écrivez la cédule. Et Fabri lui prêta précisément la somme qu'il s'était chargé de lui donner. Grace à ce stratagème sa mission se trouva remplie.

Au moment où il sortait de la chambre, le comte de Périgord et Adhémar y entraient ; celui-ci avait oublié sa jalousie et Bertrand ses griefs en combattant pour la même cause.

— Arrivez ! cria joyeusement le Castellan ; voici mille recrues. Et il remuait avec complaisance les pièces d'or étalées sur la table.

Mais Elie de Taleyrand sans paraître avoir entendu : — Voisin, dit-il, nous avons de mauvaises nouvelles?

— Quoi donc?

— Angoulême, Toulouse, Barcelonne et Flandres se sont soumis.

— Les couards !

— Gaston de Béarn, Vivian de Limagne, Bernardon d'Armagnac et Raoul de Mauléon viennent de les imiter.

— Et les quatre grands barons, ajouta Adhémar, Gragnel, Clarensac, Puiguilhem et Saint-Astier en ont fait autant.

— Eh bien?

— Tout plie devant les forces supérieures de Richard.

— J'entends, et vous voulez me laisser seul dans la bagarre après m'avoir lancé le premier en avant?

— A Dieu ne plaise, répondit Elie, mais on cède sans déshonneur lorsqu'il n'est plus possible de résister avec avantage.

— Si le filet que nous avons jeté avait pris la victoire, vous vous seriez tous précipités pour le retirer; mais il est tombé sur la défaite, et personne ne se soucie d'y toucher, n'est-ce pas? Faites votre paix, reniez votre serment, abandonnez-moi, je le lèverai !

— Vous êtes le maître d'adopter tel avis qu'il vous conviendra, reprit le comte Elie; quant à nous, avant de sacrifier inutilement le sang de nos hommes, nous y songerons.

Cela dit, ils partirent, car dix minutes plus tard la retraite leur eût été coupée; ce cri d'alarme : l'ennemi! l'ennemi! volait de créneau en créneau !

Bertrand monta sur le rempart.

Quel jour heureux pour maître Tuex! depuis qu'il avait appris que son art allait devenir nécessaire, il ne s'était pas accordé un instant de repos. Les manches de sa jaquette de peau de buffle retroussées aux poignets, l'œil riant, la bouche contractée par une moue effroyable, signe infaillible de bonne humeur, il se tenait cloué à son poste, regardant tantôt l'ennemi trop lent au gré de son impatience, tantôt les tas de grosses pierres amoncelées autour de lui.

Ou bien il se levait brusquement et faisait pour la centième fois le tour de ses machines.

C'est que Thomas Tuex était de ces hommes qui prennent une profession au sérieux et s'y dévouent toute la vie de cœur et d'ame. C'est que le bonheur que tant d'autres cherchent ailleurs en vain, il le trouvait, lui, profond, complet, immense, dans cette adresse exercée de longue main qui pouvait répondre d'écraser, à un crâne près, vingt ou trente de ses semblables d'un seul coup.

On aurait pu sans doute lui représenter que ce genre d'occupation constituait une existence assez opposée à la charité chrétienne; mais qui eût osé dire cela?

Le bon ingénieur ne s'était-il pas agenouillé au saint sépulcre? n'avait-il pas contribué à fracasser les têtes de plus de dix mille infidèles?

Ne commençait-il pas chacune de ses plus sanglantes journées par un signe de croix ?

Non ! devant Dieu, Tuex n'était pas coupable. Il le croyait du reste si peu que vous l'auriez entendu marmotter ce soir-là tout ce qu'il savait de prières, afin que Jésus ou la Vierge fissent arriver Oc-e-No [1] avant la nuit.

Mais il n'est peut-être pas inutile, en attendant que ses vœux soient exaucés, et qu'il essaie ses nouveaux engins, d'en donner une idée générale.

La balistique tenait, dans le système militaire de nos pères, la place que remplit l'artillerie depuis l'invention de Berthold Schwartz. A cette époque, particulièrement, se rattache un essor extraordinaire vers les machines ; on eût dit que les hommes de guerre du temps, pressentant que la poudre allait être trouvée, se hâtaient d'user ces vieux moyens de destruction. De même donc que nous coulons des

---

[1] Oui et non, sobriquet de Richard.

pièces de différent calibre, ils avaient des machines de forme et de portée différentes. Nous nous contenterons de décrire les principales.

La baliste était une table oblongue formée par quatre madriers. A l'un des bouts s'élevaient deux montants soutenus en dehors par deux contrefiches et liés ensemble par une traverse. Au pied de ces montants, un bras terminé à sa partie supérieure en cuilleron s'adaptait dans une corde de nerfs tressés. Deux hommes, tournant avec des leviers un moulinet placé au fond de la baliste et dont la corde attachait le bras, le tendaient jusqu'à ce qu'il touchât le treuil. On mettait dans le cuilleron des pierres de soixante à quatre-vingts livres, et en lâchant les leviers, le bras partait comme l'éclair, allait frapper sur la traverse des montants du haut de la machine où un coussinet élastique amortissait le coup, et lançait la pierre avec la plus grande raideur.

On appelait catapulte une machine triangulaire composée de deux chapiteaux et d'un canal semblable à l'arbre d'une croix. Elle avait deux bras engagés dans des nerfs fortement tressés et tendus perpendiculairement à l'intérieur de chaque chapiteau. Au bout des bras se nouait la corde d'arc. Or, une main de fer, manœuvrée par un treuil de l'extrémité inférieure du canal, allait en glissant saisir la corde qu'on tendait jusqu'à ce qu'elle eût atteint son point d'arrêt. Alors une barre placée sur la main de fer la levait tout à coup, et, se débandant, elle chassait d'une force incroyable la flèche allongée dans le canal.

Les mangonneaux ne différaient de la catapulte qu'en ce qu'ils lançaient des pierres au lieu de flèches, et, pour l'arbalète, c'était tout bonnement un arc monté sur un arbrier à coulisse et rendu portatif.

Nous omettons les engins volants à verges et de pierrière qui ne furent que des imitations sur une échelle plus ou moins réduite.

Mais voici que le cri de Richard, *Guyenne au puissant duc!* retentit soudainement dans les bois et dans la vallée : le soleil descendait en tournant à l'horizon, et ses rayons déjà brisés dans l'atmosphère étaient à demi décomposés par les particules plus opaques de l'air lorsqu'ils éclairèrent l'avant-garde de l'armée anglaise.

Une longue file de cavaliers gravissaient la côte qui monte à Autefort : à droite et à gauche des archers Gallois, armés de leurs manubalistes, se glissaient vers le château à la faveur des accidents de terrain, et les Brabançons se déroulaient pendant ce temps en face sur les versants couverts de bois. Dès que la première ligne arriva à la portée du trait, elle fit halte. Le héraut qui avait sommé le roi de France à Rouen s'en détacha alors et apporta le même message à Bertrand.

— Va dire à ton maître, répondit celui-ci, que, s'il t'envoie encore me proposer ces lâchetés, je te fais couper la langue !

On peut juger que le héraut avait transmis fidèlement cette menace, car, deux minutes après son retour, un homme de taille moyenne, mais bien prise, monté sur un fougueux cheval blanc, sortit des rangs et s'avança seul comme pour examiner la position.

Il portait un casque ouvert et surmonté d'une couronne ; mais quand bien même on n'eût pas aperçu son visage, au lambrequin doré qui le couvrait à moitié, à la tunique flottante passée sur son armure et à l'habitude qu'il avait d'appuyer sa joue sur son épée, pas un homme d'armes n'eût méconnu Richard.

Il fit le tour du château impunément, car Bertrand avait défendu de tirer, et, bravant en apparence les cairels et les flèches, il redescendit au pas vers ses troupes, qui se portèrent aussitôt en avant.

C'était le moment qu'attendait Tuex. Une grêle d'énormes pierres partie des remparts rebondit avec un fracas épouvantable sur les assaillants ; les casques étaient brisés, les armures aplaties, les chevaux et les hommes roulaient renversés sous le poids de ces projectiles dont la distance et la hauteur du mur centuplaient la force.

Bientôt le chemin fut tellement encombré de blessés et de cadavres qu'il devint impossible de passer : Tuex profita de la halte des Anglais pour reprendre haleine. — Jeune homme, dit-il à Gourdon debout à ses côtés, vous qui savez l'Écriture, savez-vous le nom de ce baron juif qui arrêta autrefois le soleil?

— Josué.

— J'ai donc à vous dire, jeune homme, que si Josué était ici ce soir, et qu'il nous rendît le même service, je doute que le puissant duc ramenât beaucoup de monde à Bordeaux.

— Il paraît être de votre avis, répondit Gourdon en dirigeant ses regards vers la plaine.

Richard faisait sonner la retraite; le lendemain, il tenta une escalade par surprise, mais, cruellement repoussé, il se vit contraint, à sa grande mortification, d'assiéger Autefort selon toutes les règles de la poliorcétique. Il en résulta nécessairement des préparatifs très longs, des mesures fort compliquées et une mortelle lenteur dans les approches, que nous allons mettre sans façon de côté pour arriver aux événements.

LES PARJURES.

En un mostier antic
    De san Marsal
Mi jureron mant ric
    Sobr' un missal;
Tals mi plevic sa fe
Non feses patz ses me,
Qu'anc pois no m'en tenc re,
Ni li sovenc de me !

Dans l'antique couvent
    De Saint-Marcel
Ils m'avaient fait serment
    Sur un missel;
Et tel me donna sa foi
De ne faire paix sans moi,
Qui rien ensuite ne tint,
De moi plus ne leur souvint

(BERTRAND DE BORN.)

CHAPITRE XIII.

Les Parjures.

A peu de temps du jour où nous en étions restés, Bertrand, suivi d'une dizaine d'hommes parmi lesquels se trouvaient Cornils, Gourdon et maître Tuex, se rendit, au milieu de la nuit, dans la partie nord du fossé mis à sec par la canicule ; une large tranchée était ouverte à cet endroit. Bertrand y descendit avec l'ingénieur et plaça au fond un tambour sur lequel il se mit à prêter l'oreille ; le vieillard l'éclairait de sa lanterne, et tous les autres, penchés au bord de la fosse, attendaient immobiles, silencieux comme des morts.

— Ecoutez, maître, dit Bertrand, après quelques moments d'anxieuse attente !

Tuex colla son oreille sur le tambour qui frémissait par intervalles.

— Plus de doute ! c'est là qu'ils minent : il faut creuser encore et les surprendre.

Deux soudadiers armés de pioches les remplacèrent.

Mais Bertrand était, cette nuit, comme le chasseur novice qui court le cerf, se prend à ses ruses et quitte la bonne voie pour la mauvaise. Tandis qu'il concentrait toute son attention sur ce point, les Anglais entraient du côté opposé; à peine s'ils lui donnèrent le temps de se réfugier dans le donjon avec ses hommes. C'était une grosse tour de cinq étages, isolée de toutes parts et imprenable autrement que par famine.

Au point du jour Gourdon monta auprès de son maître, qui examinait la campagne du côté de Périgueux et de Limoges, et lui remit une lettre qu'on avait lancée dans une meurtrière au bout d'une flèche. Elle était d'Elie et d'Adhémar : ils annonçaient leur soumission en lui conseillant de se rendre.

Les lâches ! ce fut tout ce qui lui échappa.

Puis la tête grise de Tuex parut à la dernière marche de l'escalier.

— Monseigneur ?

— Eh bien ?

— Nous n'avons dans cette maudite tour ni dard ni cairel; pas même une pierre grosse comme la main pour jeter aux Anglais : que voulez-vous que je fasse ?

— Repose-toi.

Tuex redescendit en faisant place à l'escudier. De long-temps le front de Cornils n'avait été aussi sombre, il s'approcha mystérieusement et murmura le plus bas qu'il lui fut possible.

— Monseigneur, nous sommes perdus.

— Qu'est-ce?

— On a oublié de prendre des vivres hier au soir.

— Je le savais!

— Que leur dirai-je quand ils auront faim?

— Tu leur montreras la bannière! .

Cornils s'inclina et rejoignit ses hommes.

Une lutte violente se livrait entre la raison et la passion dans le cœur de Bertrand. En face d'une mort affreuse il ne sortait pas d'une ligne de sa résolution première, et il en bravait les conséquences avec le calme le plus froid quant à ce qui le touchait personnellement. Mais de dessein prémédité étendre sous le couvercle de sa bière ces dix hommes pleins de vigueur et de jeunesse, voilà une idée sous laquelle il se débattait en vain. D'autre part, le préjugé féodal venait à son aide et lui soufflait combien il serait glorieux, combien il serait grand pour les vassaux d'avoir succombé ainsi à côté du corps de leur seigneur. Peu à peu ces réflexions en passant et repassant sans cesse sur son esprit s'y imprimèrent si profondément qu'il résolut de mourir dans cette tour plutôt que de subir la loi de Richard.

Trois jours cette détermination fut inébranlable : en proie à toutes les angoisses de la faim, dévoré d'une soif ardente qu'irritait à chaque instant la réverbération torride du soleil, épuisé par la fièvre, il souffrit des tortures atroces sans pousser une plainte, sans concevoir un regret sur la vie qu'il perdait douleur à douleur, supplice à supplice.

Le soir du troisième jour, le son des trompettes retentit au pied du donjon ; puis la voix du héraut se fit entendre promettant la vie sauve et cent peiragorzis d'argent à chaque soldat s'ils livraient leur chef et ouvraient la porte.

Bertrand écoutait, de rudes battements au cœur.

Rien ne bougea dans la tour.

Il se traîna au premier étage et trouva les fidèles vassaux couchés sur la pierre, ils n'avaient pas même relevé la tête.

Des larmes vinrent à ses paupières sèches et brûlantes en les voyant si pâles et si fermes cependant. Il appela. Tous ces spectres se redressèrent à sa voix.

— Ouvrez cette porte!

Personne ne soupçonnait encore son dessein, qu'il était déjà devant Richard.

— Prince, lui dit-il, je vous apporte ma tête, sauvez les braves qui m'avaient suivi?

— Bertrand, répondit le jeune duc de Guyenne, vivement ému, Bertrand, viens dans mes bras et tout est pardonné.

A la grande confusion de plusieurs barons du Périgord, et notamment de Constantin qui se croyait à tout jamais seul maître du château, l'estime et l'amitié de Richard pour le trobador semblèrent avoir été portées à leur apogée, après ce siége.

Il lui prêta d'abord cinq cents de ses plus enragés Brabançons, afin qu'il pût tirer vengeance des parjures qui l'avaient abandonné dans le péril. Or, nous ne pouvons dissimuler les terribles sentiments de rancune déployés par Bertrand dans cette circonstance : il mit toutes les terres de ses deux voisins à feu et à sang et, jusque sous les murailles de Limoges et de Périgueux, cloua les morceaux de la lettre d'Elie et d'Adhémar avec ces mots tracés au charbon comme un sanglant sarcasme : *oc e no*.

Satisfait de ce côté, il courut à Bordeaux et renoua les fils de la révolte entre les trois frères. On releva le nouveau plan sur les anciennes bases. Il demeura convenu, comme avant, qu'il épouserait Eléna, qu'Henri délivrerait Aliénor et amènerait sa sœur et sa mère à l'abbaye de

Rocamador, le coin le plus désert du Quercy, où l'on arrêterait les dernières mesures.

Diverses causes empêchèrent l'exécution de ces projets qui ne furent repris sérieusement qu'assez long-temps après, et ainsi qu'on va le voir à l'autre chapitre.

LE SAUT DE LA PUCELLE.

Aissi com la clara stela
Guida las naus e condui,
Si guida bos pretz selui
Qu'es valens, francs et servire.

Ainsi que la blanche étoile
Guide les nefs à la voile,
Ainsi guide honneur celui
Qui loyal, courageux, vole au secours d'autrui.

(FOLQUETZ DE ROMANS.)

CHAPITRE XIV.

Le Saut de la Pucelle.

Si l'on comparait, devant quelqu'un que je connais bien, le roman historique à un cheval indompté, et l'auteur au jeune vicaire de campagne qui, après avoir essayé en vain en tirant sa bride, deçà, delà, de lui faire prendre une direction voulue, est forcé non seulement de le laisser aller à sa fantaisie, mais de suivre tous ses caprices; ce quelqu'un dont je parle n'aurait aucune raison de soutenir la négative. Est-il rien en effet de moins agréable, lorsqu'on serait charmé de se reposer avec son héros dans une chambre close et soigneusement nattée, et de l'y montrer occupé en homme paisible, soit à boire le clairet de Médoc, soit à polir le sirvente aux mille consonnances, de se voir dans l'obligation de courir après lui sur les chemins? — Oh! combien je préfère les sujets où l'on promène à volonté lecteurs et personnages aux quatre points cardinaux! et que je porte envie à ce bienheureux capitaine Marryat! —Dès qu'il ne sait plus que faire de son roman en Angleterre, il écrit : *Vanslyperken received orders to set sail and take dispatches to the states of Holland* [1].

Son action est-elle épuisée à Amsterdam? vite il écrit :

---

[1] Vanslyperken reçut ordre de mettre à la voile et d'aller porter des dépêches aux états-généraux de Hollande.

Vanslyperken received orders to set sail and to carry to England the answer of the states [1].

Et au moyen de cette recette ingénieuse digne des Mille et une nuits, vous passez tour à tour de Portsmouth à La Haye, jusqu'à ce que les deux volumes soient pleins.

Toutefois il n'est pas besoin de dire qu'attaché au vrai aussi fortement que le brick à son remorqueur, nous continuons à reproduire avec un scrupule religieux les récits de l'histoire.

La nuit, pour me servir de l'expression passablement originale du vieux poète toulousain, avait dérobé la mèche de la grande lampe des cieux : ses ombres épaisses et larges commençaient à flotter sous tous les objets ; mais bien que le dernier souffle qui annonce la fin du crépuscule eût cessé de bruire, les étoiles n'illuminaient pas l'éther encore obscur ; c'est à cette

---

[1] Vanslyperken reçut ordre de mettre à la voile de nouveau et de porter la réponse des états en Angleterre.

heure neutre, qui n'appartient ni au soir ni aux ténèbres, que Bertrand de Born traversait la plaine située entre Gramat et Rocamador.

Les plateaux du Quercy sont immenses, mais ils affectent d'une sensation étrange ceux qui les parcourent pour la première fois. Aussi loin qu'elle peut s'étendre, la vue ne tombe que sur un amas de pierres sèches, menues, grisâtres, qui chargent partout la surface du sol. A de rares distances quelques chênes rabougris, un champ étroit, enclos de murs formés de feuillets brisés de roc, où végète frileuse et emprisonnée la fleur blanche du sarrazin, voilà toutes les traces de la nature vivante et de l'homme. De loin en loin, d'énormes blocs en creuset dur, de vingt ou trente pieds de long, vous rappellent quels peuples habitèrent autrefois ce désert! Il vous semble que le sang des victimes humaines ruisselle encore dans les trous de ces dolmens : l'ame saisie d'une terreur involontaire, vous vous retournez croyant revoir le Druide, sa couronne de feuilles de chêne au front, sa tunique de lin rayée de lignes triangulaires et purpurines, relevée jusqu'au genou ; mais vous n'apercevez que votre ombre dans cette solitude désespérée, et vous n'y entendez d'autre bruit que les clochettes lointaines d'un troupeau condamné à brouter les pauvres brins d'herbe qui percent çà et là les pierres.

Bertrand était né trobador, la sensibilité portée chez lui à un degré poétique si élevé se serait donc émue à la triste et sauvage mélancolie que ces contrées laissent sur l'ame, mais d'abord l'aspect du pays n'avait rien de nouveau pour lui, puis il était occupé d'autres pensées.

A Rocamador l'attendait la femme qu'il aimait ; depuis le soir qu'Adhémar les surprit dans le Verjan de l'Ombrière il ne l'avait vue ; aussi en songeant qu'il allait se trouver près d'elle, qu'il allait la presser dans ses bras, qu'il toucherait des siennes ses lèvres tièdes d'émotion, il lui prenait comme un saisissement subit mêlé de trouble. A force d'avoir devant les yeux l'image d'Eléna, et de se peindre d'avance le bonheur qu'il éprouverait (car nous sommes ainsi faits tous, analysant ce qui n'est pas encore, jouissant de ce qui ne sera peut-être jamais), il en vint, dis-je, à être tourmenté par une impatience presque fébrile, et absorbé par cette idée unique où se concentraient toutes les autres, arriver !

Au moment où il se livrait avec le plus d'abandon à ces rêves d'amour, un galop précipité, suivi peu après du bruit de la course d'un cheval plus lourd, dont les sabots battaient à grand bruit le silex, se fit entendre à quelque distance. C'était une chose trop extraordinaire dans cette plaine, et à pareille heure, pour ne point éveiller fortement son intérêt, il pressa donc le pas de son Bayart, jusqu'à ce que celui-ci frémissant et levant les naseaux en l'air eût refusé d'avancer.

Il touchait à un ravin qui déchirait profondément le plateau de l'est à l'ouest, en allant se rejoindre à la haute vallée que les rochers, dans leur antique et violente scission, formèrent probablement pour les eaux de l'Aljou. Ces écartements de roches, restés en masses abruptes et entières malgré les siècles, vous reportent aux soulèvements et aux désordres postdiluviens, comme s'il s'agissait d'une catastrophe d'hier. Mais nulle part les révolutions du globe ne sont marquées à un type plus grandiose qu'à l'endroit vis à vis duquel Bertrand était arrêté. Il avait à ses pieds un gouffre d'au moins cinquante toises de profondeur, objet d'épouvante pour tous les habitants des environs. Les Draks, disaient-ils, se couchaient dans les fentes de ces rocs nus et sombres, et malheur à celui qu'un mauvais destin poussait au bord du précipice quand le soleil était couché!

Alors, en effet, un brouillard dû à l'eau stagnante d'un ruisseau qui se perd dans le gouffre montait avec la nuit, et ajoutait par son obscurité un danger réel aux terreurs chimériques des passants. Bertrand, parfaitement instruit de tout cela, et, comme on le suppose sans doute, peu effrayé du voisinage des Draks, attendait donc à cette place, dans le seul but de connaître la cause du double galop qu'il avait entendu.

Les chevaux s'approchaient toujours et couraient droit à lui avec une rapidité qui le fit frémir pour la vie de ceux qu'ils pouvaient porter ; il eut la pensée de jeter sa voix au delà du ravin avec toute la puissance de ses poumons, en les avertissant du péril ; mais avant qu'il eût pu mettre à exécution ce mouvement d'humanité, le bruit des pas éclata au bord opposé, et un cheval guidé par une femme, fendant comme un trait les vapeurs du brouillard, tomba mort à ses pieds.

En un clin d'œil Bertrand eut relevé la dame qui était jeune et belle, autant du moins que des flots de cheveux bruns, épars sur son visage et ses épaules, permettaient d'en juger.

Son sein battait avec violence ; elle porta une

main à son front, comme par un geste de désespoir, et appuyant l'autre sur le bras du Castellan :

— Qui êtes-vous ? dit-elle.

— Le sire de Born, madame !

— Le sire de Born ! alors je peux me confier à votre loyauté. Ne me demandez pas mon nom; c'est comme femme seulement, et femme sans défense, que je vous demande protection, à vous, qui avez la force et le courage.

— Je vous la promets, répondit Bertrand, mais ne puis-je connaître?...

— Qu'il vous suffise de savoir, s'empressa-t-elle de répondre, que je suis méridionale, fille du Quercy, que je fuis devant un Anglais, et que, pour échapper à sa poursuite infâme, je me serais précipitée au fond des enfers !

— Assez, madame, mon sang est à vous !

— Eh bien ! continua-t-elle d'une voix tremblante, arrêtez le lâche qui me suit et qui est allé gagner le pont, là-bas; arrêtez-le seulement un quart d'heure, et je vous devrai plus que la vie!

— Mais vous, madame?

— Le pays m'est connu, je m'enfuirai à pied.

— Non, il n'en sera pas ainsi; vous n'êtes pas étrangère au maniement d'un cheval, car, pour tenter ce que vous venez de faire, il faut plus que de l'audace, et plus que du désespoir, il faut du sang-froid et une adresse peu commune. Ce noble animal, qui décèle l'origine orientale à la beauté de ses formes et à sa souplesse, ne se relèvera plus...

— Hélas! interrompit la dame de l'accent le plus triste; pauvre Ouriel, le service que tu me rends t'a coûté bien cher!

— Donc, madame, prenez mon cheval, et allez tranquillement; je me charge de votre sûreté.

La dame hésitait, des pas qui retentirent dans l'éloignement la décidèrent; elle se mit en selle de manière à justifier l'opinion du trobador, puis, détachant trois grosses perles d'un chapelet pendu à sa ceinture :

— Bertrand de Born, dit-elle, quoique mon pouvoir soit très-faible, je pourrai peut-être reconnaître trois fois ce que vous faites pour moi maintenant ; prenez ces perles, et à chaque péril, à chaque détresse où vous faillira la fortune, envoyez des mains fidèles en déposer une au pied de la statue de la Vierge, dans la vieille église de Saint-Martial ; le soleil ne se couchera pas deux soirs sans que je sois venue à votre secours.

A ces mots, elle partit en laissant Bertrand dans le doute s'il était bien éveillé, ou s'il achevait un rêve ; mais les étincelles qui jaillissaient sur le chemin pierreux du pont le rappelèrent promptement à lui-même. Sa détermination fut prise sur le champ. Il poussa dans le gouffre le cadavre du cheval arabe, drapa autour de son corps la tunique blanche qui couvrait sa cotte de mailles, se fit à la hâte une couronne de branches vertes pour cacher son casque de voyage, et confiant dans sa grande vigueur musculaire, il attendit.

En moins de cinq minutes, un cavalier accouru à toute bride eut mis pied à terre et fut au bord du précipice. Il regarda de tous côtés, prêta l'oreille, puis n'entendant rien, n'apercevant rien, il était sur le point de se retirer, lorsqu'une forme blanchâtre qu'il distinguait à peine lui apparut dans ce brouillard.

— Holà ! vassal, cria-t-il aussitôt d'une voix forte, n'as-tu pas vu une dame près du ravin?

Le fantôme fit un signe de tête.

— Où est-elle allée?

Une main s'allongea lentement vers la partie du rocher où était tombé le coursier arabe. Le cavalier y marcha hardiment, mais à l'aspect de la mare de sang qui baignait le sol, il recula saisi d'horreur. Machinalement ses yeux se levèrent pour chercher cette apparition singulière qu'il avait prise d'abord pour un vassal; elle était devant lui. Une sueur froide glaça ses tempes; son œil ne perdait pas cependant sa fierté, et sa main descendait sur le pommeau du poignard. Mais Bertrand, qui jouait à merveille son rôle de Drak, ne lui donna pas le temps de reprendre ses esprits. L'enlevant dans ses bras nerveux, il le balança comme un enfant au-dessus de sa tête, et le rejeta de toute sa force contre les durs bancs de roc qui dallent le terrain.

Cet acte de justice accompli, le sire de Born n'eut rien de plus pressé que de se rendre à Rocamador : nous l'y suivrons en observant seulement qu'à partir de ce jour ce gouffre s'appela le *Saut de la Pucelle*, nom qu'il porte encore aujourd'hui.

ÉLÉNA.

Et ameron se pus fort trop que non avia fag enans.

Et ils s'aimèrent plus tendrement qu'ils n'avaient jamais fait.

(HUGUES DE SAINT-CYR.)

CHAPITRE XV.

Éléna.

On se souvient que, pour suivre l'exécution des plans précédemment adoptés, le jeune Henri était passé en Angleterre. Arrivé à Londres, il voulut que son frère lui fît hommage du duché de Guyenne. Richard refusa ; et, sous ce prétexte convenu d'avance entre eux, afin de donner le change à leur père, ils levèrent des troupes.

Les barons feignirent de prendre parti, ceux-ci pour l'aîné, ceux-là pour le cadet, et tous cachèrent si bien leur jeu, que la guerre était organisée sur les montagnes, en Poitou et en Gascogne, avant qu'Henri II eût conçu un soupçon.

Les confédérés n'attendaient plus qu'Aliénor, qui devait être enlevée déjà de sa prison de Salisbury : or, d'après les nouvelles reçues par Richard, on comptait qu'elle arriverait à Rocamador cette nuit même. Ajoutez que l'objet principal de son détour vers ce lieu désert était le mariage d'Éléna avec Bertrand de Born, et vous vous expliquerez facilement l'intérêt que prenait ce dernier à sa venue.

Il en témoignait, du reste, son impatience à quelqu'un très disposé à la partager, à la blonde Eléna, qui, assise près de lui sur les remparts du fort, semblait donner à ses paroles l'approbation la plus sincère.

Peu à peu, cependant, leur entretien se ralentit, la voix de Bertrand cessa de se faire entendre, et ils tombèrent tous deux dans cette rêverie si dangereuse quand la femme est belle et l'homme amoureux. C'est qu'en vérité il me paraît impossible qu'il en fût autrement par cette tiède soirée de juin et ce magnifique clair de lune !

Leurs regards se portèrent d'abord en silence sur le panorama qui les entourait.

Figurez-vous qu'ils occupaient le sommet d'un rocher élevé de deux cents pieds au moins au-dessus du sol ; vers le milieu de ce rocher, et dans une excavation laissée par la nature, les premiers chrétiens de la Gaule méridionale bâtirent deux églises consacrées à la Vierge, dont les murs, les toits et le clocher semblent suspendus dans les airs. Cinquante pieds plus bas apparaissaient l'extrémité du bourg de Rocamador et le fameux château à vingt étages où logeaient les pèlerins couronnés. Plus bas encore, un vallon, dont l'œil ne pouvait sonder la profondeur, s'ouvrait, dans l'ombre, comme un abîme.

La lune, alors dans son plein, éclairait vers la droite un immense escarpement de roc vif, au flanc duquel était taillée, en plan incliné, la seule rue qui, aujourd'hui même, compose Rocamador. Ses rayons capricieux tantôt se jouaient en reflets bleuâtres sur les maisons çà et là groupées, sur les six portes fortifiées avec soin qu'on trouvait, de distance en distance, sur les tours bâties à l'entrée. Tantôt, glissant légèrement vers le ravin, elle blanchissait de lumière d'abord le haut des deux parois colossales en silex grisâtre et nu qui l'encaissent ; puis les terres crayeuses, hérissées de maigres arbrisseaux, dont chaque pente est recouverte ; puis enfin une étroite et fraîche prairie arrosée, dans le fond, par l'Aljou. Rien de plus doux à voir que les éblouissants méandres qu'elle traçait en se mirant dans les eaux ! Rien de plus imposant, lorsqu'elle venait à briller de tout son éclat, que de regarder les angles rudes et majestueux des rochers saillir en face et se détacher, comme des géants, du gouffre large et noir !

Mais, dans la position respective de nos deux spectateurs, on se lasse bien vite de contempler la lune ! La pâle luciole des nuits eut beau resplendir dans son disque de diamant et disparaître en se tournant sous le nuage, leurs yeux étaient baissés, leur pensée allait ailleurs.

Eléna ne tarda pas à s'effrayer de ce silence.

— Bertrand, murmura-t-elle tout à coup d'une voix mal assurée, parlez-moi donc ; dites-moi donc quelque chose.

Ce qui se passait dans l'ame du trobador, nous l'avons tous éprouvé, moi hier, vous avant : n'est-ce pas que c'est la partie la plus douce de nos souvenirs ?

Des cieux étincelants d'étoiles sur votre tête, partout le silence, la fraîcheur embaumée du printemps partout ; et là, sur votre bras gauche appuyée, l'enchanteresse de votre vie, la femme que vous aimez seule et tendrement au monde ! Ses yeux si limpides dans leur azur, si mollement pliés de langueur sous la longue paupière, qui se tournent vers vous en suppliant ; puis le plaisir d'admiration qui vous gagne par degrés, en regardant ce front fluide et blanc comme l'ivoire, ce profil gracieux dans le clair-obscur de la nuit, ces cheveux chatoyants des demi-teintes veloutées de la lune ; puis l'attouchement forcé de cette robe, aussi brûlant sur l'épiderme que le contact de la chemise du Centaure ; voilà ce que Dieu a donné aux hommes pour les consoler de mourir si tôt ; voilà ce qui troublait, d'une ivresse vague et délicieuse, le cerveau de Bertrand de Born ; et qu'est-il besoin de le dire ? voilà le seul motif qui l'empêchait de répondre.

Eléna insista, de plus en plus alarmée.

— Vous ne m'écoutez pas, Bertrand ; à quoi pensez-vous ?

— Je pense, dit-il après quelques instants d'hésitation, aux années qui se sont écoulées depuis que je vous aime : combien de fois des intérêts qui n'étaient pas les nôtres nous ont-ils cependant séparés ! Combien de fois, à l'heure où je me croyais pour toujours près de vous, une vague de malheur, poussée par la passion des autres, s'est-elle élevée entre nous deux, et nous a-t-elle rejetés violemment, vous sur le triste sol de l'Angleterre, moi contre mon rocher d'Autefort !

— Je vous aurais pardonné d'y songer hier; mais maintenant, Bertrand, n'êtes-vous pas avec moi, et pouvez-vous aller chercher ainsi dans le passé de quoi vous ternir le présent?

— C'est que le présent, Eléna, est court et rapide, et que si l'on ne se hâte de l'employer au bonheur, il vous échappe sans retour et passe sur vous aussi infructueusement que la rosée sur ces pierres où rien ne germe, bien qu'elle y pleuve tous les soirs. Et savez-vous, continua-t-il, non sans émotion, savez-vous la pensée qui tourmente toutes mes heures? J'ai peur de mourir avant d'avoir eu votre amour tout entier. Je ne suis pas monté une seule fois à cheval, je n'ai pas fait sonner la trompette ni crié à l'aide, sans que cette crainte ne m'ait remué l'ame; et alors, Eléna, alors je me disais que si la lance ou le cairel de l'ennemi me couchaient sur la bruyère avant de vous avoir pressée d'amour dans mes bras, je mourrais en vous maudissant.

— Mais que pouvais-je faire?

Bertrand se tut et retomba dans sa première rêverie. Eléna, qui sentait croître le danger de minute en minute, recourut au moyen le plus puissant des femmes; elle se leva, et, donnant comme prétexte le frais glacial qui soufflait sur la plate-forme, parla de descendre au château.

Bertrand ne bougea point.

Elle lui prit la main et chercha à l'entraîner; malheureusement elle flottait entre deux appréhensions contraires, qui se combattaient avec force : son intention était sans doute de contenir son amant dans les bornes hors desquelles l'impétuosité de la passion semblait vouloir l'emporter; mais elle ne prétendait pas, pour cela, le désespérer sérieusement. En cet état de choses, elle crut pouvoir répondre aux supplications ardentes qui lui étaient adressées par ces mots, jetés à voix basse :

— Plus qu'une nuit d'attente ! Ma mère arrive cette nuit : demain je serai à vous !

On comprend déjà qu'avec plus d'expérience Eléna n'eût point dit cela ; car, ne mettre qu'un si étroit espace entre la fiévreuse et folle impatience qui agitait Bertrand de Born et le but de tous ses désirs, c'était l'engager à franchir l'obstacle à l'instant. Il le fit en effet, et, aux cris étouffés qui partirent bientôt du rempart, on aurait pu se convaincre qu'il n'existe pas des barrières plus infranchissables autour de la pudeur des filles des rois qu'autour de celle de toute autre femme.

Celle-ci n'avait donc plus aucune défense à opposer lorsque, penchant son front et ses joues pourpres d'émotion sur l'épaule du trobador, elle balbutia quelques mots entrecoupés :

— Vous me le promettez, Eléna? répondit-il aussitôt.

— Je vous le promets!

— Vous y viendrez à minuit?

Un *oui* presque inintelligible et une pression de main le persuadèrent à tel point, qu'il consentit à revenir au château.

Il y trouva un homme d'armes qui le cherchait par l'ordre de Richard, retenu au lit à la suite de blessures dont personne ne savait la cause.

LA PRINCESSE D'ANGLETERRE.

Superbia la nafrada.....
Mas pero sitot lo menassa,
Non vol son mal plus que de se.

L'orgueil au cœur l'a blessée...
Mais elle le menace en vain,
Jusques au mal ne va pas sa pensée.

(*Roman de Jaufre.*)

CHAPITRE XVI.

La Princesse d'Angleterre.

Le farouche Cœur-de-Lion accueillit très gracieusement notre héros, et, l'invitant à s'asseoir à son chevet, il lui mit sous les yeux les conditions qu'il posait, au nom de sa mère et de ses frères, avant de consentir au mariage d'Eléna.

Elles étaient conçues dans le sens le plus

favorable à l'ambition des Plantagenets. Bertrand devait relever immédiatement et à titre de vassal de la couronne d'Angleterre : moyennant hommage et redevance annuelle, fixée par les baillis anglais, on lui cédait le Périgord, le Limousin et le Quercy. Il s'engageait à user de sa grande influence sur les barons gascons afin de les soumettre indistinctement et d'une manière irrévocable au pouvoir collectif des princes, et de combattre dans leurs rangs jusqu'à ce que tout le pays enclos entre les Pyrénées, la Méditerranée, l'Océan et la Loire, partagé désormais en deux grandes zones, appartînt, de Bordeaux à Rennes, à Geoffroi ; de Bayonne à Bordeaux, à Richard. Tout cela sous la suzeraineté royale du jeune Henri.

Lorsque Bertrand eut lu le papier, il le plia tranquillement et le rendit au malade, en disant :

— Je ne signerai jamais ces conditions.

— Savez-vous, articula brièvement Richard, que la main de ma sœur est à ce prix ?

— Je l'ignorais ; mais quand il s'agirait de la main d'Iseult, ma réponse serait la même.

Cœur-de-Lion se redressa d'un bond convulsif, croisa ses bras sur sa poitrine, et examinant Bertrand d'un air impossible à décrire :

— Je n'ai pas bien entendu, dit-il.

L'autre répéta mot pour mot.

Le front de Richard devint violet ; le sang envahit ses prunelles, ses lèvres pâlirent. Avec les contusions mal bandées de linges sanieux qui balafraient ses tempes et le haut de son corps, il était hideux.

—Est-il possible que je sois éveillé ! s'écria-t-il après de longs efforts pour assembler ces quelques syllabes et les prononcer.

— Prince, dit alors Bertrand, dont le calme contrastait étrangement avec la rage fougueuse du blessé, n'oubliez pas que vous allez parler à l'ami de votre frère et de votre mère !

— Merci, noble sire de Born ; nous nous en souviendrons : mais, pour le moment, nous vous sommes reconnaissant de nous rappeler qui nous représentons ici.

Aux sons aigus de son sifflet d'argent, accourut un soudadier.

— Va chercher ma sœur et l'évêque.

Peu d'instants après, Eléna entra dans la chambre, suivie du prélat de Cahors.

— Ma sœur, dit Richard, veuillez vous asseoir à cette table. Vous, sire de Born, soyez assez obligeant pour lui servir de chancelier dans une affaire pressée.

Puis, sans leur donner le temps de revenir de leur surprise, il ajouta, en s'adressant au froid et sombre Hector, placé debout devant son lit :

— Vous avez une mission à remplir auprès de nous, mon père ?

— Je vous apportais, répondit l'évêque en s'inclinant avec respect, une lettre adressée par le roi de Castille à notre illustre souverain, et que celui-ci vous envoie.

— Vous pouvez nous en dire l'objet.

— Alphonse-le-Bon demande en mariage la princesse Eléna.

Les deux amants se regardèrent.

— Vous entendez, ma sœur, reprit Richard ; quelle est votre pensée ?

— De suivre en cela, comme en tout, la volonté de notre mère, qui m'a promise à un autre.

— Nous devons nous y conformer tous, ma sœur, pourvu que le sire de Born accepte les conditions qu'elle a tracées de sa propre main. Les voici : vous êtes libre de lui en donner connaissance.

Eléna remit à Bertrand le papier qu'il avait déjà lu ; il ne fit qu'y jeter les yeux et le repoussa doucement. Ce fut son tour d'être stupéfaite.

— Bertrand, dit-elle bien bas, que signifie ceci ; êtes-vous fou ?

— Je le serais, répondit-il sur le même ton, si je vous achetais avec mon honneur.

— Ainsi, vous refusez ma main ?

— Je refuse de devenir le Judas de l'Aquitaine.

— Réfléchissez, Bertrand ; je vous donne deux minutes.

Et la fille d'Aliénor lui jeta un regard ferme et décisif qui semblait dire : *Minuit ou le roi de Castille !*

De son côté, Bertrand, assis en face d'elle, attachait ses yeux sur les siens ; et, dans leur fixité scrutatrice, on aurait lu presque ce doute : *La vanité parviendrait-elle à étouffer l'amour, à tuer le souvenir ?* Pauvre Bertrand de Born, tu ne savais donc pas tout ce que les femmes au cœur mauvais osent oublier, quand elles ont rebouclé leur ceinture !

Le sang irritable des Plantagenets bouillonnait d'orgueil aux veines d'Eléna : tout autre sentiment se taisant dans son ame, elle lui tendit le papier avec un geste impérieux et ces mots :

— Signez-vous ?

— Non, madame !

— Finissons donc, cria Richard, impatienté de ces délais.

— Ma gracieuse maîtresse m'ordonne-t-elle de répondre à la lettre du roi de Castille ?

— Oui, noble sire de Born.

— Au nom de qui faut-il parler, demanda-t-il encore, en baissant la voix à dessein ; est-ce au nom d'Eléna ?

— Au nom de la princesse d'Angleterre ?

— La princesse accepte !

Cette réponse éclata comme un coup de foudre. La fille d'Aliénor se leva brusquement ; Richard, à peine enveloppé d'une tunique à grands plis, se précipita à bas de son lit, saisit la main de sa sœur, et s'arrêtant devant lui :

— Sire d'Autefort, dit-il, tu te souviendras de cette nuit !

Puis ils sortirent.

Bertrand restait là, immobile, écrasé sous ce dénouement imprévu, absolument dans la situation d'un malheureux qui, grimpant à un mur, et parvenu au dernier rang de briques, les sent tout à coup céder, et retombe pour la centième fois, les ongles en sang. Mais de pareils désenchantements, qui brisent les cœurs faibles, ne courbent que pour un instant les hommes de nature forte; c'est une piqûre de guêpe aux flancs du lion. Aussi le trobador se retourna-t-il froidement en entendant l'accent sépulcral de l'évêque de Cahors, qui, le croyant attéré, fulminait cette imprécation :

— « Les orgueilleux ne subsisteront point » devant l'Eternel; il a en abomination l'homme » sanguinaire. »

— Monseigneur, répondit Bertrand, je pourrais vous demander si votre tempe gauche est guérie, ou si Constantin vous a rendu la croix de diamants; mais je préfère emprunter comme vous la parole des prophètes, et, s'il plaît au patron de ce lieu, je compte l'appliquer mieux que vous ne l'avez fait : sachez donc qu'il a été écrit :

« Garde-toi de te courroucer, et ne te dépite

» pas à cause des méchants ; car ils ont beau
» machiner contre le juste et grincer les dents
» contre lui ; le Seigneur se rit d'eux, voyant
» que leur jour est proche.... »

Un tumulte mêlé de bruits d'armes et de chevaux, qui s'éleva soudain dans le bourg de Rocamador, l'empêcha de poursuivre.

SAINT AMADOR.

Le vieux Henri, son père, le suivit promptement; mais il ne put cependant l'empêcher d'entrer dans le Quercy et sauver la chapelle de Rocamadour, qu'il révérait d'une manière particulière.

(*Histoire du Quercy*.)

CHAPITRE XVII.

Saint Amador.

—

Bertrand s'était empressé de courir au pont-levis : toujours confiant dans la réussite de ses projets, il s'attendait à y rencontrer Aliénor. Peut-être même qu'il le souhaitait, et qu'un espoir mal défini s'alliait à cette croyance. Ses illusions, quelle qu'en fût la source, ne tardèrent pas à se dissiper. Au milieu d'une foule de soudadiers se précipitant pêle-mêle dans le château, il aperçut du premier regard, non la vieille reine, mais Henri au court mantel, dont les traits, vus à la lueur agitée des torches, lui parurent tout renversés. Le prince, lui adressant un signe d'intelligence en montrant son escorte, le ramena dans la salle qu'il venait de quitter et en poussa la porte avec force.

— Marinier? dit Bertrand.

— Ne me demande rien !

— De mauvaises nouvelles ?

— Tout est encore au diable !

— Par le saint qui m'a fait chrétien, nous ne jouons pas de bonheur !

Puis il reprit, plus pâle que sa chemise de soie blanche :

— Qu'est-il arrivé cette fois ?

— Ce qui arrive quand la femme prend le haubert et l'homme la quenouille : avec nous, le complot eût volé au but comme le cheval le plus jeune et le plus vigoureux d'Orient; ma mère a voulu le conduire, ils ont roulé à terre ensemble.

— Mais tu avais écrit qu'elle était libre ?

— Sans doute ; elle touchait même à Douvres et serait ici à présent, si elle eût une seule fois consenti à mettre la prudence avant la vengeance. Mais c'est ce que ma noble mère n'a jamais compris et ne comprendra de sa vie.

— Rosamonde est pourtant bien morte !

— Oh ! certes, le front de la jolie et pauvre Clifford ne soulèvera pas la pierre qui le couvre dans le cloître de Godstow ; mais on prétend que le roi la remplace.

— Que lui importait cela ?

— Oui, que lui importait cela ? je l'ai dit bien souvent depuis ; il paraît qu'elle pense autreme t que nous sur ce sujet. Car, en arrivant à Douvres, elle a su, d'un maudit lord écossais, que mon père a de bonnes raisons pour tenir enfermée la fiancée de Richard, Alix de France. Et la voilà qui rebrousse chemin et marche sur ce château, pour y recommencer probablement le sanglant mystère de la Loge.

— Et alors?

— Elle tomba, trompée par le brouillard, dans un gros de troupes commandées par mon père en personne, qui galopait à ma poursuite. Henri la fit ramener dans sa prison, puis il passa la mer en même temps que Geoffroi, mon frère et moi. Nous ne pûmes gagner sur lui qu'un jour d'avance; encore est-ce à grande peine que, débarqués secrètement à La Rochelle, il nous fut permis d'atteindre Limoges. Mon père y arriva le lendemain; il se présenta seul sous les murailles; je voulais me rendre; ce païen de Geoffroi le couvrit d'une nuée de flèches. Indigné de cette barbarie contre nature, j'ordonnai qu'on ouvrît les portes à mon père; mais il me fut impossible d'empêcher Geoffroi de tirer. Une flèche, partie du château, blessa son cheval au poitrail; lui, arrachant le trait et s'avançant jusqu'au pied du château, nous cria, les yeux pleins de larmes:

—« Malheureux! que vous a donc fait votre

» père pour le désigner comme un but à vos
» assassins? »

— Je te l'avoue, Bertrand, ces paroles m'émurent jusqu'au fond de l'ame, et Geoffroi eut beau dire, je l'abandonnai sur le champ. Maintenant, tu connais mon père; à l'heure où nous sommes, le château est forcé à coup sûr, et lui sur mes pas; que me conseilles-tu?

— Mon conseil dépendra du parti vers lequel tu penches.

— Oh! je veux me défendre et jusqu'à la dernière ressource, afin que mes meilleurs amis ne m'appellent pas un *malvat*, et qu'on ne chante plus, en Aquitaine, que *je mens*, que *je truande*, que *je vais portant la livrée, vivant à la solde d'autrui*.

— Eh bien! il faut convoquer l'auriban [1] et lever les pennons plus haut encore, pour qu'on les voie de plus loin et que nos barons accourent se ranger autour.

[1] Arrière-ban.

— Mais, mon pauvre Bertrand, il ne me reste ici que ces satanés Brabançons, harassés de marches et affamés d'argent, à qui je dois la paie, n'ayant pas une obole.

— Et nos usuriers?

— Ils ne prêtent plus.

— Qu'importe! n'avons-nous pas ici le créancier le moins rebelle? Emprunte à saint Amador; il est bien assez riche pour attendre.

— Par les yeux de Dieu! serment solennel de mon père, tu as raison; il faut emprunter à Amador!

Bertrand se mit alors en devoir de raconter l'altercation qui s'était élevée entre Richard et lui; mais, aux premiers mots, le prince l'interrompant:

— Je sais tout, dit-il; j'ai rencontré mon frère avec Eléna sur le chemin de Souillac. Nous reparlerons de cela demain; allons à présent rendre visite au saint.

Ils sortirent. Un homme, blotti pendant leur

conversation dans la ténébreuse embrasure d'une croisée, sortit en même temps.

Le devoir le plus important de l'historien, c'est d'éclaircir, autant qu'il est en lui, les faits qu'il rapporte. Partant de ce principe, que nous voudrions voir moins négligé, nous consacrerons les moments perdus en préparatifs par le jeune roi et son Achitophel à l'explication de quelques détails indispensables.

Rocamador fut, pendant tout le moyen-âge, le rendez-vous des pélerins. Dans ce vallon sauvage et désert, dans ces rocs pleins d'une horreur majestueuse, affluaient les pieux solliciteurs de tous les points de l'Europe méridionale; vous n'en serez point étonné en apprenant sa merveilleuse chronique. S'il faut en croire son biographe, saint Amador (qui ne fut autre que le Zachée de l'Evangile), après la mort de la Vierge, s'embarqua, suivi de sa femme Véronique; et, se livrant par l'ordre de Marie à la merci de l'Océan, vint aborder aux côtes de Médoc. Il eut en Aquitaine une existence très agitée; sa femme mourut, et, de plus en plus dégoûté des hommes, Zachée se retira au fond du Quercy, dans un lieu épouvantable. C'était un repaire de bêtes féroces; il les chassa par ses prières, et bâtit sur leurs cavernes, en l'honneur de la Vierge et de saint Pierre, les églises que nous y voyons aujourd'hui. C'est à partir de cette date (46 de l'ère chrétienne) qu'il échangea son nom de Zachée contre celui d'Amador, nom pris de son amour pour la solitude, comme l'observe judicieusement l'auteur de sa vie, *quasi amator solitudinis*. De là vint, toujours selon le même légendaire, qu'en mémoire de ce saint homme, enterré depuis sous le seuil de l'église de Notre-Dame, on appela l'oratoire et le bourg qui se forma au-dessous Roc-Amador [1].

[1] Ces précieuses reliques du vieux temps étaient menacées, quand nous les avons vues, d'une affreuse dégradation de la part d'un missionnaire. Heureusement que M. le ministre de l'instruction publique, dont la sollicitude éclairée pour tout ce qui intéresse l'histoire nationale est connue, nous a promis de s'y opposer. Nous comptons sur sa parole.

Voilà pour le sacré; si vous tenez maintenant à savoir le profane, c'est à dire l'opinion formée d'après de rigoureuses inductions historiques, nous vous dirons que saint Amateur n'est pour rien dans l'origine du nom. Ce nom ne représente en effet qu'une corruption des mots romans : *roca maior*, la plus haute roche. Comment cette corruption s'est-elle faite? c'est ce qui nous ramène à nos récits.

Onze cent six ans après ces choses, le roi Henri II battait le Quercy, guerroyant contre le comte de Toulouse. Tout à coup le bruit d'un prodige vola jusqu'à son pavillon. En creusant à l'entrée de l'église de Notre-Dame, on avait découvert le corps de saint Amador encore tout vermeil. Henri, superstitieux de son naturel, y accourut aussitôt, prit Amador pour protecteur et barda son corps, car nous ne rencontrons pas d'expression plus juste, barda son corps de lames d'argent. Or ceci nous explique et le changement de nom du bourg à la suite de cette miraculeuse résurrection, et l'emprunt forcé que Bertrand de Born proposait de faire au saint.

Ni Bertrand, d'ailleurs, ni le prince, n'ignoraient l'existence d'un trésor caché sous son cercueil et grossi journellement par la munificence des riches pélerins; ils savaient même qu'une partie de ce trésor recevait entre les mains de l'évêque de Cahors une destination que nous serions parfaitement en mesure de prouver, s'il n'était temps de suivre leur expédition nocturne.

Précédés d'un Brabançon d'athlétique stature qui portait une lanterne et deux haches sous son bras, ils arrivèrent à l'endroit du fort où Bertrand s'était assis avec Eléna il n'y avait pas une heure. Singulière instabilité de la vie! Cette place, qui devait le revoir amant heureux de la fille du roi d'Angleterre, l'envoyait séparé pour toujours! Là il comptait, quelques minutes avant, venir presser contre son cœur une femme aimée, et il y venait avec son frère pour se souiller d'un sacrilége! Ayez donc foi à la bonne issue de vos plans, au succès de vos espérances, à l'enfantement du bonheur! Les premiers, comme ces brillants paquebots à vapeur, partent en soufflant une orgueilleuse colonne de fumée et refoulant victorieusement les eaux du fleuve, puis à trois cents pas de là ils éclatent. Les secondes apparaissent dans l'avenir fraîches et vermeilles comme les pommes d'Idumée, et, quand vous les touchez du doigt, elles tombent en cendres. Pour l'autre, il avorte dans la trompeuse illusion qui le conçut, comme un embryon au ventre de sa mère. Ayez donc foi à la bonne issue de vos plans, au succès de vos espérances, à l'enfantement du bonheur! Frappé sans doute d'idées semblables, Bertrand s'était arrêté devant le rempart et il le contemplait en silence : la voix rauque du Brabançon le tira de sa rêverie. Passant à plusieurs reprises la main à son front brûlant, il se hâta de rejoindre le prince.

Une porte de fer fut d'abord ouverte par leur guide à l'aide d'un énorme trousseau de clefs pendu à sa ceinture; elle donnait sur un escalier ténébreux qui descend en tournant et plongeant dans le roc : ils le prirent. Vers le milieu environ, Henri s'arrêta pour jeter un coup d'œil sur le vallon qu'on aperçoit à travers une ogive brisée. De cette prodigieuse hauteur, la vue devient effrayante, aussi ne put-il s'empêcher d'en faire la remarque; mais Bertrand, occupé de pensées différentes, ne parut pas l'entendre, et le routier n'y répondit, au bout de quelques instants, que par ces paroles jetées d'un ton sourd et lugubre :

— Maintenant, prenez garde!

Ils arrivaient à une rampe extérieure de degrés suspendus sans balustrade sur un abîme de cent cinquante pieds : un faux pas, un éblouissement, pouvait les y précipiter. A la lueur incertaine de la lanterne, vous les auriez vus descendre l'un après l'autre en se serrant contre les pans de rochers qui surplombent au dessus de ce passage dangereux. Leur guide n'avait cessé de compter depuis leur descente;

parvenu à la quatre-vingt-onzième marche, il les fit arrêter, ôta deux barres de fer qui scellaient un fort madrier de chêne et démasqua un trou pratiqué dans la toiture de l'église. Bertrand s'occupait pendant ce temps à nouer une corde à l'aide de laquelle ils se laissèrent glisser successivement tous les trois sous les voûtes. De là ils descendirent encore un étroit escalier en colimaçon composé de quarante-huit marches, et se trouvèrent dans la sacristie. Les clefs furent essayées rapidement, et ils finirent par trouver la bonne. Tout à coup la porte de la grande église s'ouvrit devant eux.

Il était minuit; l'aspect de ces nefs imposantes de simplicité, de ces piliers à huit colonnes qui reflétaient à leurs pieds des ombres immenses, ce silence solennel des édifices catholiques les saisirent malgré eux d'un vague étonnement. Mais bientôt le bruit de leurs pas retentissant sur les dalles sonores annoncèrent que l'impression religieuse était dissipée. Ils traversèrent l'église dans toute sa longueur de l'est à l'ouest, et, passant sans fléchir le genou devant la chapelle de la Vierge située auprès de l'entrée, ils ne firent halte que dans le parvis où la tradition place encore l'ermitage de saint Amador. Dans tout autre moment, le jeune Henri, qui visitait ce lieu pour la première fois, se serait plu à le contempler à loisir; mais, pressé par une curiosité plus positive, à peine s'aperçut-il que ce vestibule, formé par un immense rocher qui se courbe en voûte naturelle au couchant, était ouvert à l'orient, resserré au nord par le mur de l'église, et vers le midi par le roc taillé de main d'homme. En passant, Bertrand de Born lui montra, au dessous d'une petite tourelle adaptée en relief à cette paroi, l'épée de Roland suspendue à une grosse chaîne, et les menottes des Sarrazins.

Il ne leur restait plus qu'à s'engager dans un passage voûté qui mène à l'église souterraine : ils y entrèrent escortés par les croassements de sinistre augure et les battements d'ailes d'une nuée de corbeaux qu'avaient réveillés, dans leurs nids séculaires, le bruit des pas et les lueurs de la lanterne. Vingt marches conduisent à la porte; il y a de chaque côté deux bancs de pierre sur lesquels s'assirent Henri et Bertrand en attendant que le routier l'eût ouverte. Cette dernière besogne rencontra mille difficultés ; les clefs étaient trop petites ou s'embarrassaient dans la serrure ; enfin, pour comble de contre-temps, la lanterne s'éteignit, et ils restèrent plongés dans l'obscurité la plus complète. Henri profita de l'absence du Brabançon, qui était allé la rallumer dans la chapelle de la Vierge, pour rompre ce long mutisme.

— Bertrand, dit-il à demi-voix, sais-tu que saint Amador commence à déchoir furieusement dans mon esprit?

— Pourquoi cela?

— Parce qu'il défend son trésor comme un mercadier[1] sa charrette.

[1] Marchand.

— C'est un lâche.

— On dit, reprit plus haut le jeune roi, que, toutes les fois qu'une calamité s'approche, la mort d'un prince par exemple, cette cloche en fer que nous avons vue dans l'église sonne toute seule.

— Oui, fable de moustier! je parie ma terre qu'elle ne sonne pas ce soir.

Des sons funèbres et prolongés se firent entendre comme le glas des morts et retentirent sourdement sous les voûtes. Ils se regardèrent stupéfaits. L'étrange coïncidence de ces tintements avec le défi du trobador les glaçait d'effroi, et le Brabançon, qui revenait avec une lampe d'argent prise dans la chapelle, les trouva debout et tout pâles. Mais la terreur passa comme le vent sur le front de Bertrand de Born. — Recommence, dit-il, en fixant sur le routier un regard ferme; si tu ne peux, nous briserons la porte à coups de hache.

Le mercenaire renouvela ses tentatives, et,

grace à son habitude des lieux, et au surcroît de lumière fourni par l'huile bénite, il parvint à ouvrir. Le prince et Bertrand s'avancèrent alors, mais au lieu de l'obscurité où ils s'attendaient à se voir plongés en mettant le pied dans l'église souterraine, ils furent éblouis par l'éclat des dix-huit lampes qui brûlaient jour et nuit autour du saint. Au même instant, la grille qui ferme le fond de la nef roula sur ses gonds, et l'évêque de Cahors, la mitre en tête, la crosse dorée à la main, parut sur le dernier degré.

— Que venez-vous faire à cette heure dans la maison du Seigneur?

A ces paroles lentement accentuées, Henri éprouva un mouvement d'hésitation, mais la vue des richesses qu'il convoitait lui rendant l'assurance :

— Mon père, répondit-il sans s'émouvoir, nous avons une oraison particulière à dire aux pieds de saint Amador; par ainsi, ne jugeant point à propos de vous mettre dans nos confidences, nous vous engageons à vous retirer.

— Héliodore entra dans le temple de Dieu avec des pensées de pillage et de vol, et en ressortit battu de verges.

— Sire évêque, gardez cette science pour vos homélies, et laissez-nous en paix.

— Ma place est ici, prince d'Angleterre, et la vôtre près du roi.

— Sors! dit Henri au court mantel, les yeux flamboyants de colère.

— Sortir! afin de livrer aux spoliations du vice les dons de la foi, les offrandes de la piété! On ne m'emportera d'ici que frappé par des assassins et nageant dans mon sang comme le bienheureux Thomas de Canterbury.

Le prince échangea un coup d'œil rapide avec Bertrand, puis :

— Prêtre, veux-tu m'obéir? redit-il brièvement.

Il n'obtint qu'un sourire de dédain.

Se tournant alors vers le Brabançon, il lui

fit un signe que ce colosse comprit à merveille, car il s'empara de l'irascible Hector, et, avec la dextérité admirable de sa profession, il l'eut couché, pieds et poings liés, dans un coin de l'église, avant que l'évêque pût songer à la résistance. Tandis qu'il étouffait ses cris sous les pans de sa robe de soie, Bertrand de Born forçait le cadenas de la châsse. En peu d'instants, les anges et les lions d'argent qui la soutenaient, les lames dont le corps du saint était recouvert, et le trésor qu'il protégeait de ses reliques, furent au pouvoir de ces nouveaux Héliodores. Ils s'en chargèrent tous les trois, et le prince ouvrant la marche : — A Martel, s'écria-t-il joyeusement, à Martel! nous voici riches et contents pour toute la campagne!

Qu'on se figure la rage de l'évêque : il se tordait dans ses liens et se roulait sur les dalles comme un fou furieux. Reconnaissant enfin l'inutilité de ses efforts, il appela deux ou trois fois de toutes ses forces. Au bout d'une attente assez longue, une porte dérobée, qui donne sur le passage voûté de l'église, s'entr'ouvrit, et un homme aux regards sinistres accourut à sa voix.

— Martin, dit Hector, quand cet individu eut coupé les cordes qui garrottaient ses membres, cette profanation crie vengeance au ciel et sur la terre. Périsse mon nom, périsse mon ame, si le soleil se couche sans que les coupables soient punis! Et le fouguenx évêque, les joues violettes, les lèvres tremblantes, l'œil égaré, parla bas à cet homme qui écouta tout dans l'impassibilité la plus calme, et sortit ensuite comme il était venu, en silence.

Peu après, la cloche fatale interrompit par son glas lointain les éclats de rire que poussaient Bertrand de Born et le prince Henri sur le chemin de Martel.

LE PÉLERIN.

Je ne me fierais pas à l'homme qui dérobe
Ses traits sous ce chapeau. Coquilles sur la robe,
Reliques dans la poche et bourdon à la main...
Trois moyens excellents de jouer le prochain.

(*Fragment d'un ancien sirvente.*)

CHAPITRE XVIII.

Le Pèlerin.

La nuit accumulait ses plus épaisses ténèbres sur la petite ville dont nous venons de dire le nom. Ces hautes tours, ce rempart massif que le grand-père de Charlemagne bâtit autrefois dans le double but de repousser les Sarrazins et de tenir en bride ceux d'Aquitaine, disparaissaient dans l'obscurité, comme des saules dans le brouillard. A cette heure de repos nul bruit ne s'entendait ordinairement par les rues noires et muettes : gens paisibles avant tout, les bourgeois se couchaient et se levaient avec le soleil. Aussi leurs habitudes pacifiques durent recevoir un bien rude choc du tumulte qu'amena subitement dans leurs murs Henri au court mantel. Ses routiers n'eurent pas plutôt mis le pied dans la ville, qu'au silence qui la couvrait tout entière succéda le tapage et le mouvement des enfers. Les cris, les chants, les rires, se mêlant sur les tons les plus discordants à la voix des guettes, aux hennissements des chevaux, au murmure des idiomes étrangers, ajoutaient à la confusion. C'était à ne pas s'y reconnaître, surtout dans le logis de Fabri.

Les trois portes qui percent la maison du riche bourgeois de leurs arceaux gothiques étaient ouvertes. Les deux seules fenêtres, ogives à rameaux de pierre, brillamment éclairées, illuminaient toute la façade. On pouvait voir distinctement, entre un double cordon sculpté avec un goût exquis, le léopard dans un écusson en demi-relief abattant une fleur de lis avec sa patte droite [1], emblème audacieux des projets du jeune Henri. Ce signe privilégié, et la bannière royale déployée entre les fenêtres, annonçaient la présence du prince. Il y était en effet avec Bertrand, occupés tous deux à se délasser des fatigues de leur expédition, devant un souper splendide, bien qu'improvisé. Car dans ces occasions solennelles le collecteur de la couronne ne croyait jamais pouvoir trop payer en bonne chère l'honneur qu'il recevait; et comme les hures de sanglier manquaient rarement dans son alberc, et qu'on trouvait sous le sable de sa cave des vins de la côte du Lot de l'âge de son père, chaque fois que le prince passait à Martel, il venait descendre à sa porte : faveur dont le bourgeois se montrait fort glorieux, et qu'il prenait à cœur

---

[1] Cette pierre, parfaitement conservée, est aujourd'hui dans le cabinet de l'auteur.

de justifier, ainsi que nous l'avons déjà fait observer, par un redoublement de zèle. Cette nuit, il allait et venait continuellement du premier étage, où festoyaient ses hôtes, à sa cuisine située au rez-de-chaussée ; en haut pour regarder ce qui manquait, en bas pour activer les préparatifs. Et à mesure que le repas s'avançait, la joie folle des deux convives se reflétait sur son front ridé, avec une auréole d'orgueil. En ces bonnes dispositions, il entra en se frottant les mains dans sa cuisine, et vit un pélerin assis auprès du foyer. Cet homme se tenait là, grave, silencieux, et semblait ne rien remarquer de ce qui se passait autour de lui. Fabri sentit peser sur son cœur un pressentiment funeste; il s'approcha cependant et dit :

— Si j'en juge par tes vêtements poudreux et ton air de fatigue, tu viens de loin, saint homme?

— De Jérusalem!

A ce son de voix, Fabri tressaillit, la joie

s'effaça promptement de ses traits, et ce n'est qu'avec contrainte qu'il put reprendre :

— Où vas-tu maintenant?

— A Saint-Jacques de Compostelle.

Par hasard, les lueurs du feu, tombant en ce moment sur le pèlerin, éclairèrent à demi son visage malgré son vaste chapeau; Fabri frémit, puis, comme s'il eût marché sur un serpent, il se glissa hors de la chambre et remonta précipitamment l'escalier afin de communiquer la cause de ses terreurs à ses convives. Mais dès que sa figure pâlie se montra à la porte, ceux-ci l'apostrophèrent à la fois :

— Le vin épicé, Fabri, le vin épicé; il est temps qu'il fasse son apparition sur la table !

— Monseigneur, balbutia Fabri en tremblant, j'aurais à vous dire....

— Pas une parole avant que le vin soit là.

— Saints de Dieu! il serait pourtant indispensable....

— Va le chercher, je ne veux pas attendre.

— Sire de Born...

— Va le chercher, je ne veux pas entendre.

Ainsi congédié, il descendit, bien malgré lui. Le pélerin était toujours à la même place. Fabri prit le vin épicé qui bouillait au feu, le versa dans un large plat d'argent et se dirigea vers l'escalier; mais, s'étant tourné pour jeter un dernier regard sur le pélerin, il se trouva, non sans un sentiment indicible de terreur, face à face avec cet être mystérieux; ces paroles articulées à voix basse arrivèrent en même temps à son oreille :

— Dis au sire de Born que je l'attends ici!

Fabri eut toutes les peines du monde à se traîner jusque dans la salle, tant ses genoux tremblaient sous lui; il conserva cependant assez de force pour s'acquitter de son message, car, une seconde après, Bertrand entrait dans la cuisine.

— Seigneur de Born, dit le pélerin en marchant à sa rencontre, si tu tiens à sauver ton château, pars à l'instant!

— Pourquoi cela?

— Tu as insulté l'évêque de Cahors ; l'évêque ne pardonne pas, et galope maintenant à cheval vers ta terre.

— D'où le sais-tu ?

— Agenouillé dans la sainte chapelle d'Amador, je l'ai entendu donner des ordres sanglants à Martin l'Algaï.

Bertrand réfléchit; puis, comme frappé d'une idée soudaine : — Attends-moi, pélerin, dit-il, je reviens.

— Tu as beau te presser, cria bientôt Henri en le voyant paraître, il est trop tard. Le vin de Fabri était si bon que je n'ai pu le laisser refroidir, et te voilà puni de nous quitter pour un porteur de coquilles.

Le trobador ne répondit pas; assailli par un soupçon affreux, il restait cloué au parquet, les yeux attachés sur le prince.

— Bertrand, dit celui-ci après quelques moments de silence, cette journée m'a fatigué, je sens le sommeil qui me gagne. Adieu ! à demain !

En un clin d'œil, Bertrand fut dans le corridor du rez-de-chaussée. Il y trouva Fabri qui l'attendait, la pâleur de la tombe au front.

— Où est le pélerin?

— Disparu!

— A cheval! s'écria-t-il avec énergie; qu'on le poursuive! et volez, hommes d'armes; un marc d'or pour qui le prendra!

Cent cavaliers se précipitèrent à la fois dans la campagne; l'aube commençait à poindre, et l'œil perçant d'un vieux routier aperçut un point noir du côté de Mirandol. A ses cris, la moitié de la bande en prit le chemin au galop. Ils coururent ainsi jusqu'au plateau de Gluges. Là ils découvrirent parfaitement, sur l'autre bord de la Dordogne, celui qu'ils poursuivaient. Le pélerin fuyait à cheval vers Montvalant, et telle était l'avance qu'il avait déjà, que les mieux montés renoncèrent au marc d'or et tournèrent bride. Laissons le vieux routier compter, avec un petit nombre de ses camarades, sur son expérience pour le rejoindre, et traverser à cet effet la Dordogne au dessous de l'endroit où il a été vu, et suivons sa course rapide. Comme s'il eût deviné la manœuvre des Brabançons, qui espéraient le couper un peu plus loin, il revint d'abord sur ses pas et regagna la rive droite; ensuite, pressant son cheval de l'éperon, il longea la rivière pendant une assez grande distance, et la repassa de nouveau à la nage. Une fois sur la rive gauche, il ne s'arrêta plus qu'à Rocamador, où il arriva un quart d'heure avant les routiers qui étaient enfin parvenus à flairer sa trace.

Sans perdre de temps, il gravit les deux cents degrés de pierre qui mènent à l'ermitage et descendit dans l'église souterraine. L'évêque de Cahors y était debout, comme la veille, au milieu des débris de la châsse et du cercueil d'Amador, toujours nu-tête, toujours les muscles contractés de colère. Le pèlerin se plaça devant lui et dit :

— Il en a été fait ainsi que vous le désiriez, sire évêque!

Le sombre Hector releva la tête en murmurant d'un air distrait : — Bien! Martin; Dieu récompensera les siens.

— En attendant, il ne faut pas qu'ils meurent de faim sur la terre, reprit le bandit hardiment. On me poursuit.....

— Tiens, dit l'évêque, porte ce parchemin à mon argentier; il soldera ton zèle en tournois de France; puis songe à toi.

— C'est mon affaire!

LE DOIGT DE DIEU.

Que Votre Paternité sache donc que lorsque, sur le mandement du roi Henri, son père, nous nous fûmes transporté auprès de lui, nous le trouvâmes étendu sur le lit de douleurs.

(*Lettre adressee au pape Lucius III, par Bertrand, Évêque d'Agen.* Extrait des archives départementales de Rouen.)

CHAPITRE XIX.

Le Doigt de Dieu.

Les fenêtres de la maison de Fabri étaient fermées. Un silence glacial remplaçait le tumulte qu'on avait entendu toute la nuit aux environs. D'un groupe de soudadiers réunis auprès de la porte, sortaient par intervalles des mots prononcés à voix basse. La consternation se peignait sur tous les visages. Mais quelque frappante que parût au dehors cette transition si brusque des joies bruyantes de l'orgie à l'abattement et à l'effroi, l'aspect de l'intérieur était plus triste encore. Sur un lit en désordre, le jeune Henri, à moitié soutenu dans les bras de Bertrand, luttait contre la mort. Horriblement défiguré, les yeux éteints, la tête pendante, le corps marbré de taches violettes, tantôt il se plaignait d'une soif ardente et demandait de l'eau avec instance; tantôt, s'enfonçant péniblement sous les couvertures, il grelottait de froid. Le *metge*, comme on nommait alors le médecin, avait confessé son impuissance, et l'on attendait, d'un moment à l'autre, un religieux retiré dans ces montagnes, qui, ayant étudié la médecine à Cordoue, sous les Maures, opérait, disait-on, des cures merveilleuses; c'était la dernière espérance.

Le moribond, le pressentant sans doute, profita d'un instant de calme pour se tourner vers son ami :

— Bertrand, dit-il, ce messager que tu as envoyé à mon père ne vient pas. Je crains toujours qu'il n'arrive trop tard. Oh! il me serait si cruel de fermer les yeux sans voir mon père!

Bertrand de Born s'efforçait de le rassurer en étouffant, aussi bien qu'il le pouvait, ses propres craintes, lorsque le religieux entra. Prévenu par Fabri, ce vieillard, dont la barbe blanche inspirait le respect, et qu'on n'apercevait jamais, écrit un chroniqueur, sans éprouver un sentiment de confiance, s'approcha du prince. Il l'examina attentivement, puis tira de son sein une boîte qui contenait du corail pulvérisé, et en délaya quelques pincées dans une écuelle pleine qu'il fit boire au malade.

Les regards de Bertrand l'interrogèrent avec anxiété.

— Il faut attendre l'effet de ce médicament, répondit-il en secouant la tête.

Bertrand quitta la chambre.

Sur l'escalier, un Brabançon qu'il n'avait point vu l'interpella en ces termes :

— Monseigneur !

— Qu'est-ce ?

— Vous me devez un marc d'or !

— Pourquoi ?

— Parce que j'ai pris le pèlerin !

— Où est-il ? s'écria Bertrand comme réveillé en sursaut.

— Devant vous, grommela une voix rauque.

— Martin l'Algaï ! tu l'as empoisonné, misérable !

— Je le nie, par le Christ et sa mère ; mais en supposant que je fusse coupable, ajouta plus bas le bandit, nous serions quittes, sire de Born, car j'aurais épargné ta vie comme tu avais épargné la mienne.

— Tais-toi ! misérable, s'il arrive malheur au prince, je te fais écorcher vif ! Et après avoir recommandé au Brabançon de veiller rigoureusement sur le prisonnier, il revint sur ses pas, plus agité qu'auparavant.

Henri semblait dormir; le religieux, debout et les bras croisés à son chevet, le regardait d'un œil mélancolique; ces lumières pâlies par l'éclat du jour qui pénétrait à travers les fentes des volets, cette obscurité factice et cette lugubre tranquillité, tandis qu'au dehors rayonnait un soleil si brillant, que les lauradors couraient en chantant aux travaux de l'été dans la campagne, cette opposition impitoyable brisait l'ame.

— Eh bien? demanda Bertrand en s'adressant au religieux.

— Nul secours humain ne peut le sauver!

— Quoi! n'est-il donc plus de ressources?

— Depuis trop long-temps le poison brûle ses entrailles; venu plus tôt, je l'aurais peut-être combattu avec quelques chances de succès; mais à présent.... Il baissa les yeux sans achever la phrase.

A ce chuchotement le prince sortit de son atonie; il s'informa encore du messager envoyé vers son père; il n'était pas de retour, et Bertrand s'épuisait à calmer son impatience, lorsqu'un grand bruit de chevaux retentit dans la ville; on entendit en même temps le son des trompettes anglaises qui précédaient ordinairement le roi.

Ce signal bien connu raviva, comme par un effet galvanique, les dernières forces du mourant; il se mit sur son séant, pria Bertrand de Born d'aller attendre dans la chambre voisine qu'il lui eût obtenu le pardon de son père, et, l'œil tourné vers la porte, les mains jointes, il se disposa à cette douloureuse entrevue. Malheureusement le vieux roi, si souvent trompé, avait craint un nouveau piége, et, quoique l'aîné de ses enfants fût celui qu'il aimait avec le plus de tendresse, dans le doute il s'était contenté de lui envoyer son anneau comme gage de pardon, par l'évêque d'Agen. Celui de Cahors avait jugé à propos de se joindre d'office à son frère en Jésus-Christ, en sorte que les deux prélats et un lord d'Ecosse, William Maréchal, qu'Henri avait spécialement chargé de s'emparer du sire d'Autefort, se présentèrent seuls devant le prince.

Si Bertrand de Born eût prévu cela, il se serait bien gardé de s'éloigner, mais, pensant que le roi venait d'arriver et plein d'une douleur trop profonde pour ne pas désirer la solitude, il accepta comme un bienfait cette attente déchirante où l'on sent les souffrances battre sur le cœur aussi pressées, aussi rapides que les élancements d'un pouls chronique. Quelle destinée! quelle fatalité acharnée sur lui depuis sa naissance! Avoir intelligence et courage, avoir vigueur et génie, audace et popularité, et n'allumer jamais des feux qui devaient être le signal de la liberté de l'Aquitaine que pour voir retomber des cendres à ses pieds! N'avait-il pas conçu les plans les plus hardis et les plus fortement tramés, et ces plans ne s'étaient-ils point troués sous des événements imprévisibles, comme les réseaux de l'araignée sous le poids imprévu d'un insecte? Est-ce que son énergie avait jamais failli dans cette lutte toujours malheureuse et toujours recommencée? Et, bien que ce rocher de Sisyphe eût continué à lui rebondir lourdement sur la poitrine, ne s'était-il pas obstiné à le rouler au haut de la montagne? Tout meurtri de ces plaies incurables qu'ouvrent sous le sein gauche les grands espoirs déçus avec amertume, les désenchantements inattendus, les injustices ironiques d'un sort aveugle qui va, sous vos yeux, prodiguant aux indignes le prix de vos nuits sans sommeil, de votre front fait chauve, de votre ame flétrie en les fières angoisses, tout meurtri de ces plaies saignantes, ne marchait-il pas au même but d'un pas ferme? Et n'était-ce point assez? Non, non! il faut que l'éponge amère se dessèche jusqu'à la dernière goutte sur ses lèvres; il faut qu'il perde encore la femme qui avait son amour, le seul homme qu'il aime sur terre; et cela brusquement, coup sur coup, et qu'il passe de la noce de l'une aux funérailles de l'autre dans l'intervalle d'un jour et d'une nuit. A mesure que ces idées posaient leur sceau de feu sur le front de Bertrand, son imagination s'exaltait, puis, l'extrême tension de ses facultés vers la douleur amenant par degrés l'épuisement, il demeurait plongé comme l'idiot dans une méditation inerte, sans pensée ni, pour ainsi dire, de sentiment du présent, et, dans la situation où il se trouvait, cette espèce de trêve morale, cet oubli de tout ressemblait à du bonheur. Aussi ne put-il pas même en jouir; une interruption à laquelle il était loin de s'attendre le rappela péniblement à lui-même. On parlait très haut dans la chambre qu'il venait de quitter. — Voilà, s'écriait-on avec véhémence, voilà le châtiment des profanateurs! C'est le doigt de Dieu qui creuse cette tombe. C'est sa majesté outragée que venge le Seigneur! Henri d'Aquitaine a forcé son temple et pillé l'autel de ses saints, il disparaît englouti dans le tourbillon de sa colère comme Coré, Dathan et Abiram.

Dès que Bertrand, en écoutant ces paroles,

reconnut la voix de l'évêque de Cahors, aucune considération humaine ne fut capable de le retenir, et, sans se mettre en peine s'il n'allait pas jeter sa tête à la vengeance du vieux roi, il poussa violemment la porte. Voici le spectacle qui s'offrit à ses yeux. Le chevalier écossais, Fabri et quelques hommes d'armes étaient agenouillés sur le carreau. Un cilice serré autour du corps, une corde au cou, l'infortuné Henri avait été arraché de sa couche, et les prélats le traînaient ainsi vers un lit de cendres, malgré ses gémissements douloureux, malgré les représentations du religieux qui protestait contre cet acte barbare. Les repousser avec fureur, délivrer Henri du cilice et le reporter sur son lit, fut l'affaire du même instant; mais cette secousse avait achevé sa faiblesse; il expira peu de minutes après, sans prononcer un mot, la main toujours appuyée sur le bras de son ami. Quand Bertrand la sentit bien raide et bien glacée, quand la sienne ne toucha plus qu'un cadavre, il se retourna. Il y avait du sang dans son regard, du sang dans son geste, du sang dans cette question adressée en tremblant :

— Où est l'évêque de Cahors?

— Parti avec Martin l'Algaï et le routier qui gardait ce brigand, répondit Fabri en versant des pleurs de rage.

— Sire William, dit alors Bertrand de Born, et vous, soudadiers et bourgeois, sachez que ce prince périt de mort violente. Devant vous tous, j'accuse l'évêque de Cahors de l'avoir fait empoisonner, et je jure sur ce cadavre de punir le meurtre par le meurtre.

Le lord, lui ayant ensuite appris l'ordre qu'il avait reçu de s'assurer de sa personne, l'engagea à se soustraire au ressentiment du vieux roi ; mais lui, sans répondre, revint auprès du lit mortuaire. Il pressa de nouveau et étroitement dans ses bras ce corps immobile et déjà froid, colla ses lèvres sur ce front cadavérique, puis, s'agenouillant et cachant son visage d'une main tandis qu'il étreignait de l'autre celle du mort, il pleura long-temps.

Tous étaient émus de ce désespoir, mais tous le ressentirent en quelque sorte en le voyant se lever silencieusement, remercier d'un regard le religieux et lord William, et, après avoir serré à deux reprises la main de Fabri qui étouffait ses sanglots dans un coin, sortir à la hâte, sans pouvoir proférer une parole.

Ainsi mourut, à la fleur de l'âge, Henri au court mantel, le lundi 11 juin 1183; dès les premières atteintes du mal il avait recommandé que, s'il devenait mortel, on l'enterrât dans la cathédrale de Rouen. Pour se conformer à ce vœu, aussitôt que Bertrand fut parti, on vida le corps des entrailles et de la cervelle, puis cet héritier de l'Angleterre et des deux tiers de la France, salé selon la coutume du temps, et cousu dans un cuir de bœuf, partit pour aller dormir à Rouen à côté de son oncle Guillaume Plantagenet.

        Quar plors
         Peiors
        No foron vitz;
         Dolors
         Maiors
        Ni cors pus tritz.

        Car pleurs
         Meilleurs
        Ne furent vus;
         Douleurs
         Ni cœurs
        Plus éperdus.

                (ESTÈVE.)

CHAPITRE XX.

Première Perle.

On dit sur nos montagnes :
« Les malheurs viennent à la file comme les » cavaliers de saint Georges dans les nuées. »
Bertrand semblait être né pour offrir à chaque pas de sa vie orageuse une preuve de ce proverbe. En quittant Martel il s'était rendu à Limoges dans le dessein de se présenter au roi,

et de répéter devant lui l'accusation qu'il venait de porter contre l'évêque de Cahors. Cette imprudence qui, selon toutes les probabilités, aurait eu des suites fatales, en l'exaspération où se trouvait Henri II, fut prévenue, grace aux énergiques remontrances de Gaucelm et de Guilhomone, que sa bonne étoile lui envoya très à propos. Le jongleur d'Uzerche, jugeant des choses plus à froid, s'empressa de le cacher dans son alberc, et bien lui en prit, car Adhémar, comme s'il eût eu soupçon ou avis secret de son arrivée, se mit tout à coup à faire garder les portes et les murs de cette fraction de Limoges qui avait nom le Château, et où campaient alors ses soudadiers, avec une vigilance alarmante. D'autre part, le vieux roi, impatient de châtier le boute-feu de ses discordes domestiques, rassemblait ses troupes pour aller à Autefort raser la place et enterrer le baron sous ses ruines. Si bien que Bertrand se trouvait prisonnier du vicomte dont les bourgs gardaient encore les marques de ses ravages, et menacé par un ennemi inexorable, précisément lorsque, brisé de regrets et d'angoisses, il ne lui restait ni la volonté ni la force de se défendre.

La constance humaine a une grande analogie avec la corde d'arc. Si elle est tendue au delà de sa puissance de compression donnée, elle échappe au doigt inconnu qui la bande et revient à son point, molle et lâche. Telle était la chute morale de Bertrand. Aussi découragé qu'abattu, aussi plein d'insensibilité que de véritable douleur, il ne marchait plus dans ce monde, il se laissait conduire; Guilhomone pensait, voulait, et agissait pour lui. Nous disons agissait, et voici dans quel sens. La nuit de son arrivée, il fut pris d'une fièvre violente, et l'histoire de sa rencontre avec la jeune dame au bord du gouffre sortit plusieurs fois de ses lèvres dans les moments de délire. Les peuplades méridionales ont toujours été disposées à se laisser frapper par le surnaturel. C'est un défaut de famille qu'elles doivent à leur origine celtique, et qui fait ombre de la manière la plus remarquable au soleil du douzième siècle. Car l'influence arabe rapportée des croisades, et journellement fortifiée par les rapports amis qui liaient les Aquitains et les Maures d'Espagne, régnait alors sans rivale sur ces imaginations impressionnables. Guilhomone saisit donc avec avidité le récit que le jongleur ne regardait que comme un produit de la fièvre, et, découvrant dans la bourse de Bertrand de Born les trois perles dont il avait parlé, elle décida sur le champ qu'il en serait fait l'expérience. Or, ce projet une fois en possession de son cerveau, il fallut que Gaucelm le logeât dans le sien, et qu'il allât bon gré, malgré, déposer sur l'autel de l'abbaye de Saint-Martial une perle et une demande de secours. Il est vrai qu'il s'en dédommageait amplement par ses sarcasmes, car le soleil s'était couché deux fois depuis son retour, et rien n'annonçait encore que la mystérieuse dame eût envie de répondre au message. La position devenait cependant de plus en plus critique. Adhémar redoublait de précautions; le roi partait, disait-on, le jour même pour Autefort, et, ce qui semblait non moins grave, une indifférence voisine de l'idiotisme continuait à paralyser l'esprit de Bertrand.

Gaucelm assurait qu'il avait laissé sa raison dans la chambre mortuaire de Martel; il ne s'en relèvera pas, murmurait-il vers la fin de la journée dont nous venons d'occuper nos lecteurs, assis qu'il était avec sa nonne derrière la haie de sureau de l'ort[1].

Elle ne répondit que par un sourire moqueur.

— Oui, oui, ris, Guilhomone, le noble feu de son ame est éteint, on ne le rallumera plus, ou il faudrait un miracle.

— Bah! il faudrait seulement le vent des bannières anglaises, et moins que cela peut-être.

— Quoi donc?

[1] Jardinet.

— La compatissance d'une femme !

— Nous y voilà, s'écria Gaucelm ! j'espère pourtant que tu te récuses ?

— Et pourquoi, s'il vous plaît ?

Le jongleur se hâta de hausser les épaules en répétant son refrain ordinaire : « Étonnez-vous qu'orgueil perde le siècle ! »

Mais Guilhomone qu'on ne déconcertait pas facilement :

— Seigneur Gaucelm, sachez bien que les femmes font tout ce qu'elles veulent, parce que nous portons ici deux talismans plus forts que ceux de l'ami de Balba, l'esprit et la patience, et qu'avec cela sous le front on a toujours droit, ne vous en déplaise ; d'ailleurs...

— Silence, interrompit Gaucelm, j'ai entendu frapper !

Il ne se trompait pas, un nouveau coup rudement appliqué ébranla la porte de l'ort.

Une discussion s'engagea aussitôt sur le parti à prendre, et la divergence des deux opinions l'aurait certainement poussée loin, si les planches vermoulues jetées en dedans par une main vigoureuse n'eussent donné passage à un homme d'armes qui la trancha en se montrant.

— Je cherche le sire de Born, dit-il sans autres préliminaires.

— Nous ignorons sa demeure, répondirent hardiment la nonne et le jongleur.

L'homme d'armes mit un lambeau de parchemin sous les yeux de Gaucelm :

— Par les dés! exclama celui-ci confondu, c'est ma lettre.

— Et je viens ici parce que vous êtes allé à l'abbaye de Saint-Martial.

Par les motifs développés deux pages plus haut, Guilhomone et Gaucelm reçurent de cette apparition subite une intime et vague impression de terreur, et peut-être Bertrand lui-même n'en fut-il pas exempt en apprenant à la suite de quelle espèce d'évocation cabalistique cet homme se présentait pour proposer de le faire sortir sain et sauf du Château. Mais quoique ses yeux s'arrêtassent sur lui avec une vive apparence d'intérêt, il ne se pressait pas d'accepter sa proposition.

— Bertrand de Born, lui dit alors l'homme d'armes, les Anglais vont à ton caslar; sais-tu ce qu'ils diront en ne te voyant pas sur les murailles?.... que tu as peur!

Bertrand se leva et vint le regarder.

— Et ceux qui mouraient pour toi dans la tour, que penseront-ils, ces braves vassaux, quand ils se trouveront seuls sous la bannière?... que tu as peur!...

Bertrand le toucha comme pour se convaincre qu'il n'entendait pas un être imaginaire.

— Et à celle qui m'envoie, que lui dirai-je?

— Que, mortel ou diable, tu es un messager hardi; marche!

— Je te mène d'abord à l'alberc[1] du vicomte.

— Marche!

— Tu feras tout ce que je demanderai?

— Tout.

---

[1] Logis.

— Prends cette robe, ce chaperon de laine, et suis-moi.

Ils sortirent, laissant Gaucelm et sa femme sous le coup d'une surprise qui leur ôtait parole et mouvement. Or l'honnête couple n'eut pas plus tôt repris ses sens qu'il obéit à l'ascendant divers et bien tranché de sa nature. C'est dire que Guilhomone tomba à genoux chuchotant, avec force signes de croix, toutes les oraisons de son ancien métier, et que le jongleur courut aux remparts. Ils avaient été abattus, quelque temps auparavant, par l'ordre du Plantagenêt, mais, dit la chronique manuscrite, « ses fils s'estant retirés à Lymoges après
» le combat de Naujas, commencèrent à faire
» de grands fossés et puissantes murailles or-
» nées de grosses tours, faisant leur ville de la
» grandeur qu'elle est à présent; car enfermè-
» rent dans le circuit d'icelle les combes, l'ar-
» bre d'Esgoulène, Magninie et Boucherie, et
» desmolirent un jardin de plaisance apparte-
» nant à l'abbé de Saint-Martial, nommé le

» jardin des moines. Aussi firent-ils abattre
» l'esglise et grand clocher de Nostre-Dame,
» esdifiée au petit cimetière, des areshes et
» l'esglise, couvent et hospital de Saint-Gé-
» rald. »

Par l'effet de cette reconstruction, Limoges offrait l'aspect d'une pyramide partagée en trois villes distinctes, le château, la cité, et le pont Saint-Martial. Cette dernière, s'étendant le long de la Vienne, formait la base, la cité le milieu, et le château la pointe. Chacune de ces villes, murée et fortifiée contre sa voisine, élevait à part, selon la ligne qu'elle occupait dans le triangle, ses tours, ses maisons, ses clochers aigus. C'était un admirable tableau du moyen-âge que cette confusion de pignons irréguliers, rougeâtres, noircis de fumée, attachée par étages aux flancs de la montagne! Les hautes tourelles, les flèches gracieuses des églises et de l'abbaye montaient vers l'azur du ciel comme une forêt gothique, baignant les unes leurs créneaux, les autres leurs ogives dans l'atmosphère purpurine du soir. Au dessous, la Vienne qui réfléchissait tout dans ses eaux vertes, les étangs d'Aygoulène aux flots bleus, les carrés de prairies découpés par leurs rigoles, puis des champs cultivés ; de rares vallons ; de loin en loin quelques bouquets de châtaigniers sur un côteau ; et, au fond de l'horizon, des sillons de lumière jaune et chaude arrêtant le paysage, voilà ce que Gaucelm avait à ses pieds en regardant des murs du Château.

Rien de beau comme le déclin du jour au commencement de l'été. Devant cette campagne fraîche et riante qui s'endort, la poitrine se dilate de bonheur sans qu'on s'en aperçoive; sous ce ciel à demi voilé on se sent entraîné à une rêverie oisive, pleine d'abandon, de mollesse, de charme. Quand les vers luisants commencent à briller, que les grillons crient dans l'herbe et qu'on entend sortir, du creux des masures, la voix sourde de la chouette, une brise aromatique, poussée en avant par le crépuscule, agite les feuilles des peupliers, foule les blés tremblants, et alors les pensées de joie deviennent plus folles, les pensées de plaisir plus vives, plus douces, et plus inquiètes les pensées d'amour. Ainsi, du moins, l'éprouvait le jongleur au moment où une diversion inattendue vint l'arracher à ses tranquilles émotions.

A un coup de jaquemart qui résonna lugubrement dans le beffroi de la porte Manigne, les ponts-levis se baissèrent dans les trois villes, et Gaucelm vit sortir et défiler l'une après l'autre deux troupes de bourgeois sous la bannière de Saint-Martial, précédées par le vicomte à la tête de ses hommes d'armes. Les moines des quatre abbayes de Saint-Martin, de Saint-Martial, de Saint-Augustin et de la Règle les suivaient, rangés sur deux lignes; puis descendait une longue procession de prêtres en surplis noirs. Tous se déployèrent dans le même ordre et en silence sur le bord de la Vienne à partir des ruines du pont, détruit récemment par les princes; l'armée anglaise était sous les armes un peu plus bas.

Gaucelm n'eut pas le temps de se demander les motifs de ce concours extraordinaire ; un chariot couvert de drap noir qui parut sur la rive opposée lui expliqua tout. C'était le corps d'Henri au court mantel. Dès qu'on l'eut transporté, avec son cortége, au pied de la montagne, douze bourgeois, quatre consuls, quatre chevaliers et quatre barons, s'approchèrent et prirent le cercueil. Les cloches des villes s'ébranlèrent alors à la fois, les tambours roulèrent leur salut funèbre, et entre une double haie formée par les bourgeois, les hommes d'armes d'Adhémar et l'armée anglaise, moines et prêtres, entonnant leur formidable et guttural *Dies iræ*, conduisirent le convoi à la cathédrale.

— Singulier spectacle pour un jongleur ! pensa Gaucelm, et par une soirée si belle ! N'importe ! allons voir de près ce jeu de la mort avec les têtes couronnées ; allons voir si le fier Normand a rencontré son maître ! s'il est terrassé par le spectre osseux, lui qui nous courbe avec tant de superbe ! Puis il n'est pas mal de regarder le coup de faux de la mort quand elle abat des rois ; je serai moins surpris le jour que ses doigts de squelette lèveront le loquet de ma pauvre porte. En achevant ces mots avec un sourire sardonique, le cantador d'Uzerche, rentré dans son insouciance habituelle, gagna la place de Saint-Martial.

Cent lords ou barons d'Aquitaine, habillés de noir, se tenaient debout devant la basilique, chacun une torche à la main. Ces lumières, éclairant à demi la place, et jetant leur reflet rouge sur ce triple rang de figures pâles, immobiles, et de là sur la statue colossale de saint Martial qui semblait descendre avec sainte Valérie et saint Aurélien des cinq étages du clocher pour assister à l'office des morts, dessinaient, dans la nuit, une décoration digne du Dante. La foule, toujours pressée, toujours avidement curieuse, enleva Gaucelm avant qu'il eût le temps de se reconnaître, et, dans une de ses ondulations, le lança en face du convoi qui débouchait.

Les porteurs funèbres s'arrêtèrent sous le vestibule de la basilique. Aussitôt un vieillard sortit du groupe des lords et s'avança seul. Le nom du roi circula de bouche en bouche. Henri s'agenouilla d'abord devant le cercueil, et pria quelques instants; puis, au milieu d'un silence solennel, il prit une torche, et, ouvrant le cuir de bœuf, regarda le cadavre. Le cœur du père l'emporta, à cette vue, sur la fermeté stoïque du souverain; fondant en larmes, il fut forcé, pour suivre les restes de son fils dans la cathédrale, de s'appuyer sur le bras de l'évêque d'Agen. Après que le clergé eut récité, sur ce corps, déposé, pendant la cérémonie, dans une chapelle de bois peinte en noir, et toute couverte de cierges, ses prières et ses psaumes, le cercueil prit la route de Rouen, et l'armée celle d'Autefort. Mais quelque diligence que le roi pût faire, Bertrand, qui, mêlé aux hommes d'armes d'Adhémar, avait quitté la ville en même temps, arriva le premier.

FIN DU PREMIER VOLUME.

TABLE DES MATIERES

CONTENUES DANS LE PREMIER VOLUME.

Courte introduction.	1
Chap. I. Le Seinhor.	21
II. Matinée printanière.	49
III. Le Paon.	65
IV. Cour d'Amour.	91
V. Aliénor.	103
VI. Mauvaise nouvelle.	121

VII. Constantin.	133
VIII. Un lundi.	149
IX. Les Bourgeois.	177
X. Architophel.	203
XI. La Guerre.	225
XII. Oc e No.	239
XIII. Les Parjures.	255
XIV. Le saut de la Pucelle.	265
XV. Eléna.	284
XVI. La princesse d'Angleterre.	293
XVII. Saint Amador.	305
XVIII. Le Pélerin.	327
XIX. Le Doigt de Dieu.	339
XX. Première Perle.	353

RÉCENTES PUBLICATIONS D'AMBROISE DUPONT.

Souvenirs d'un Enfant du Peuple, par Michel Masson, tomes 1 à 4. 30 fr.

Le Chevalier Robert, par Charles Didier, auteur de *Chavernay* et de *Rome souterraine*, 2ᵉ édit. 2 vol. in-8. 15 fr.

Les Mémoires du Diable, par Frédéric Soulié, 4ᵉ édit. 8 vol. in-8. 60 fr.

Les Mémoires d'un Touriste, par l'auteur de *Rouge et Noir*, 2ᵉ édit. 2 vol. in-8. 15 fr.

Saint Jean le Matelot, par Maurice Saint-Aguet, 2ᵉ édit. 2 vol in-8. 15 fr.

Angélica Kauffmann, par M. Léon de Wailly, 2ᵉ édit. 2 vol. in-8. 15 fr.

Chavornay, par Charles Didier, auteur de *Rome souterraine*. 2ᵉ édit. 2 vol in-8. 15 fr.

Un Médecin d'Autrefois, par Fabre d'Olivet, auteur des *Montagnards des Alpes*, 2ᵉ édit. 2 vol. in-8. 15 fr.

Souvenirs intimes du temps de l'Empire, par Emile-Marco-de-Saint-Hilaire, auteur des *Mémoires d'un Page de la cour impériale*, etc. 2ᵉ édit. 2 vol in-8. 15 fr.

La Sainte du Vorarlberg, par Mᵐᵉ la vicomtesse de Lacressonnière. 1 vol. in-8. 7 fr. 50 c.

Le Génie d'une Femme, par M. J. Brisset, auteur des *Templiers* 2ᵉ édit. 2 vol. in-8. 15 fr.

Picciola, par X. B. Saintine, 8ᵉ édit. 1 vol. in-8. 7 fr. 50 c.

— Le même ouvrage. 1 beau vol. in-18 grand raisin. 3 fr. 50 c.

Mémoires de Fleury, de la Comédie-Française, rédigés sur des notes authentiques, et publiés par J.-B.-P. Lafitte, 6 vol. in-8. 45 fr.

Imprimerie et Fonderie de Félix Locquin, et Comp.

www.ingramcontent.com/pod-product-compliance
Lightning Source LLC
Chambersburg PA
CBHW060559170426
43201CB00009B/829